EXIL

Monika Maron

KRUMME GESTALTEN,
VOM WIND GEBISSEN

Essays aus
drei Jahrzehnten

edition buchhaus loschwitz

Impressum

© edition buchhaus loschwitz 2020
Alle Rechte bei den Autoren.
Literarisches Dresden e.V.
Friedrich-Wieck-Straße 6, 01326 Dresden
www.kulturhaus-loschwitz.de

Druck: B. KRAUSE GmbH
Druckerei · Kartonagen · Verlag
Satz und Gestaltung: impulsar-werkstatt.de

ISBN 978-3-9820131-6-9

Inhalt

gegnuden wie unsere Leider dem Beispiel
wenig Haftung, zu viele Felder und
Wiesen und Menschen, die ihrer
Landschaft enger anzugehören scheinen
als der Zeit, die über sie herrscht.

Liebe E.,

seit wir gestern beide die Hörer aus der Hand gelegt haben, plagt mich der Gedanke, Du könntest glauben, ich sei hier auf dem Lande inzwischen verblödet. Du berichtest von Deinem Kongreß und Deinen Begegnungen mit der Elite der Literaturwissenschaft, und ich erzähle Dir, wie mein Hund auf meinen Fingerzeig einen Ball aus dem Schilf holt und wie ein grünschillernder Käfer sich auf der Spitze eines Grashalms so lange wiegt, bis er auf die Spitze eines anderen Grashalms wechseln kann, oder in welcher Geschwindigkeit die Ameisen ihre Eier in Sicherheit bringen, wenn jemand ihren Bau zerstört.

Vielleicht hättest Du mit solchem Verdacht sogar recht, manchmal glaube ich ja selbst, daß die dumpfe Demut, in die ich allsommerlich verfalle, einer Verblödung gleichkommt. Mit jeder Woche, die ich hier bin, wachsen meine verwandtschaftlichen Gefühle für das große und kleine Getier um mich, sogar für die Pflanzen, auch die unnützen, die sich geschickt dicht neben den ihnen ähnlichen Kulturpflanzen angesiedelt haben. Und nachts, wenn ich den balzenden Vögeln zuhöre, kann es passieren, daß mich ein trauriger Neid überkommt auf all diese seinsgewissen Kreaturen, die in jedem Augenblick das Richtige tun, weil sie einfach nur ihrem genetischen Programm folgen und offenbar nicht den Wunsch verspüren, sich dagegen aufzulehnen. Du weißt, ich bin keine Naturschwärmerin, und es fällt mir schwer, nein, es ist mir unmöglich, Dir das Gefühl von Heiligkeit zu beschreiben, das mich umhüllt, wenn ich nachts vor dem Haus sitze und mir sage, daß ich nichts anderes bin als das Gefiederte und Bepelzte da unten am See, etwas nicht viel anderes. Wie der Hofmannsthalsche junge Lord, dem die abstrakten Worte wie modrige Pilze im Mund zerfielen, wüßte ich keine Worte, um Dir verständlich zu machen, was ich in solchem Augenblick zu wissen glaube. Erinnerst Du Dich an die Passage seines Briefes, in der er von den Ratten in seiner Meierei erzählt, die zu töten er seinen Bediensteten ohne sonderliche Rührung beauftragt hatte, und die ihm dann während einer Reise in ihrem Todeskampf erschienen, so daß er mit den Augen einer Rattenmutter die sterbenden Rattenkinder um sich zucken sah und in ihm »die Seele dieses Tieres gegen das ungeheure Verhängnis die Zähne bleckte«?

Hofmannsthal war achtundzwanzig, als er den Chandos-Brief schrieb, also noch im Erobereralter, unwiderlegt durch die Erfahrung von Vergänglichkeit und Todesnähe, die uns gleichmacht mit allem, was wird und vergeht und die uns ahnen läßt, wie unsinnig, ja, lächerlich, alle unsere Bemühungen sind, der Welt zu gefallen. Es muß ihm etwas zugestoßen sein, daß er, ein junger Mann, genial begabt, vom Ruhm getragen, seit er fast noch ein Kind war, das Interesse am Sagbaren verlor. Ich kann es mir nicht anders vorstellen, als daß er etwas erfahren hat, das eigentlich in ein späteres Lebensalter gehört und das ihm eine Empfindung eröffnete, für die Sprache nicht zuständig ist, die sich der Sprache ebenso entzieht wie unserem Denken.

»Es ist mir dann, als bestünde mein Körper aus lauter Chiffern, die mir alles aufschließen. Oder als könnten wir in ein neues, ahnungsvolles Verhältnis zum ganzen Dasein treten, wenn wir anfingen, mit dem Herzen zu denken.«

Mit dem Herzen denken, das ist ein schöner Gedanke, aber er kommt aus dem Kopf. Alles, was wir in Sprache fassen können, kommt aus dem Kopf, weil die Sprache aus dem Kopf kommt. Aber wo bleibt der ganze Rest? In Musik, Bildern Träumen? Sind das unsere Herzgedanken?

Es wird so schnell vom Ungenügen oder gar Versagen der Sprache gesprochen. Ich halte das für Unfug, wie es Unfug wäre, der Nase vorzuwerfen, daß sie nicht sehen kann. Wir können alles sagen, was wir denken können. Anderes bleibt Ahnung, eine namenlose Sehnsucht, über die wir vielleicht sprechen könnten, wenn wir mit dem Herzen zu denken lernten. Darum, glaube ich, hat Lord Chandos im Sprechen und Schreiben keinen Sinn mehr finden können. Für das, worüber er hätte sprechen wollen, gibt es keine Sprache. Und alles, was er schrieb, um seinen Zustand zu erklären, zeichnet einen Kreis um dieses zu sehende, zu riechenden, zu hörende, aber nicht zu benennende Etwas, das ihm alles Sagbare unwichtig erscheinen ließ.

Ich weiß nicht, ob das, was ihm geschehen ist, als Verlust oder Gewinn gelten sollte. Ich habe derartige Empfindungen bisher mit dem Alter verbunden, mit dem Nachlassen der Kraft, dem Rückblick auf widerlegte Lebensentwürfe angesichts des stetig nahenden Todes. Aber Chandos und sein Erfinder waren junge Männer, so daß man glauben könnte, ihrer geringen Lebenserfahrung hätte noch eine Unzahl unbenutzter Wörter gegenübergestanden. Aber vielleicht sind sie zu verschwenderisch damit umgegangen und haben darum so früh herausgefunden, daß es dieses der Sprache und dem Denken nicht Zugehörige gibt, und daß jede Mühe, es doch zu fassen, erfolglos sein wird. Oder, was mir wahrscheinlicher vorkommt, sie haben eine Begegnung mit dem Tod und der eigenen Vergänglichkeit gehabt.

Ich habe fast mein ganzes Leben gebraucht, um mich im Reich jenseits der Sprache verständigen zu

können. Und wenn ich mich hier auf dem Land dem
überlasse, was ich als Verblödung bezeichnet habe,
weiß ich auch nicht, ob es ein Gewinn ist oder doch
ein Verlust. Vielleicht weißt Du es ja besser.

Deine M.

~

New York

Meine glücklichste Reise liegt fast zwanzig Jahre zurück und verdankte sich, wie das meiste Glück im Leben, einem vorausgegangenen Unglück. Das Unglück war das Verbot meines ersten Buches, obwohl ich selbst das Buch natürlich als ein großes Glück ansah, das allerdings wiederum auf einem schwerwiegenden Unglück beruhte, nämlich auf dem diktatorischen Charakter des Staates, in dem ich lebte, von dem mein erstes Buch erzählt und der dieses Buch dann folgerichtig verbot. Wäre ich aber nicht die Autorin eines verbotenen und allein darum begehrten Buches gewesen, hätte mein diktatorischer Staat nicht gewünscht, mich loszuwerden und mich demzufolge auch nicht mit einem luxuriösen Visum für ein ganzes Jahr ausgestattet. Und das bedeutete so viel Glück, wie man sich heute kaum noch vorstellen kann, wenn ihm auch allerlei Ungemach beigemischt war, das als Unglück zu bezeichnen wohl übertrieben wäre, als unglückliche (um das Wort nicht aufzugeben) Umstände aber angemessen. Ich mußte immer und überallhin allein reisen; und ich hatte so wenig Geld, daß ich wahrscheinlich zu Hause geblieben wäre, hätte ich nun, da ich reisen durfte, das Reisen nicht auch als Pflicht empfunden. Aber weil man, um Glück zu haben, Glück brauchen muß, bescherten mir ausgerechnet die unglücklichen Umstände das, was mir meine erste Reise nach New York bis heute als die glücklichste erscheinen läßt.

Wäre meine Lage weniger mißlich gewesen, hätte Anke von der Autorenbuchhandlung am Savignyplatz wahrscheinlich ihren Vetter in New York überhaupt nicht angerufen, und selbst wenn sie ihn angerufen hätte, wäre der Vetter vielleicht nicht bereit gewesen, mich aufzunehmen, so daß ich ihn gar nicht kennengelernt hätte und wir also niemals Freunde geworden wären. Und statt in dem grandiosen Domizil des Vetters mitten in SoHo hätte ich vermutlich in einem schuhkartonähnlichen Hotelzimmerchen gewohnt und das Gefühl, in New York zu Hause zu sein, niemals kennengelernt. Auf keinen Fall hätte ich meine unheimliche Ankunft erleben dürfen und ein paar Nächte, die, wenn ich davon erzähle, meinen Zuhörern noch heute Schauer über den Rücken jagen. Als ich während der ersten Hitzewelle des Jahres nach New York kam, war Ankes Vetter gerade verreist und sollte erst drei Tage später zurückkommen. Der Schlüssel für mich war bei einer Marion hinterlegt, die ich vom Flughafen aus anrufen sollte, was mir nicht gelang, weil ich einen Fehler bei der Vorwahl machte und sich darum immer nur der Operator meldete und etwas sagte, das ich nicht verstand, weil ich nicht nur kein Geld hatte und in ganz Amerika keinen Menschen kannte, sondern nicht einmal des Englischen kundig war, ein Unglück übrigens, aus dem sich auch später nie ein Glück ergeben hat. Marion fand ich trotzdem und als sie mir die Tür zu »Michael's home« öffnete, »that's Michael's home«, sagte sie und schob die schwere Eisentür nach innen, flüchteten Dutzende, wenn nicht Hunderte von Kakerlaken ins Dunkle der riesigen Wohnung. Wie sich später herausstellte, hatte während der Abwesenheit des Hausherrn die Nachbarin einen Kammerjäger bestellt, so daß die Kakerlaken auf unvergiftetes Terrain umgezogen waren. Bis dahin hatte ich in meinem Leben genau drei Kakerlaken gesehen, sie saßen im Waschbecken eines Hotels in Rostock.

Na gut, hier ist New York, dachte ich und war auch zu müde und von der Tatsache, es aus der Eintrachtstraße in Pankow wirklich bis New York geschafft zu haben, zu begeistert, als daß ich mich dem Ekel hingegeben hätte. Erst nachts, als ich wegen des *jet lag* oder doch einer Ahnung aufwachte und sah, wie direkt vor meinen gerade geöffneten Augen zwei Kakerlaken in offensichtlich konspirativer Absicht miteinander berieten und, als mein Blick sie traf, in entgegengesetzten Richtungen eilig davonliefen, während eine dritte neugierig am Ärmelrand meines Nachthemds auf meinem Oberarm entlangwanderte, wäre meine Leidensbereitschaft vielleicht überschritten gewesen, hätte nicht die Aussicht auf das Glück, das alles, vom Glanz des Abenteuers und der Selbstüberwindung bestrahlt wie Herkules nach vollbrachten Taten, zu Hause erzählen zu können, mein heroisches Potential deutlich vermehrt. In den folgenden Nächten schlief ich mit einer Sandale in der Hand. Außerdem kaufte ich drei zeltähnliche Kakerlakenfallen, deren Böden mit einer klebrigen, dem Ungeziefer wohlriechenden Substanz getränkt waren. Binnen kurzer Zeit zuckten unter jedem Dach ungefähr neunzig, mit ihren Fühlern verzweifelt nach Rettung suchende und mit allen Beinchen festhaftende wohlgenährte braune Tierchen, die ich in ihrem Todeskampf fast mitleidlos beobachtete und jedes Detail notierte, um zu Hause möglichst genau über die Ereignisse berichten zu können.

Nachdem der Vetter von seiner Reise zurückgekehrt und die Kakerlakeninvasion eingedämmt war, habe ich noch alles erlebt, was zu einer glücklichen New York Reise gehört: nächtliche Wanderungen durch Little Italy und über die Bowery, marinierte Schweineschnauzen und -ohren in Chinatown, die Museen, das Apollo-Theater in Harlem, natürlich wäre ich einmal auch fast überfallen worden, und ich habe eine langweilige Theatervorstellung in der Pause verlassen, für die ich zweihundertfünfundzwanzig Ost-Mark, das heißt fünfzehn Dollar Eintritt bezahlt hatte. Alles habe ich genossen, die jaulenden Sirenen der Krankenwagen, das Gefühl, mich in der Hitze aufzulösen, den süßlichen Gestank des Mülls.

Nach drei Nächten mit den Kakerlaken fühlte ich mich allem gewachsen, furchtlos und unerschrocken, wie man für eine Stadt wie New York eben sein muß.

Als ich wieder zu Hause war, flüchtete ich auf das Land, weil ich hoffte, meine Erinnerung unter freiem und staatsfernem Himmel länger retten zu können, träumte zwischen den Pommerschen Rapsfeldern von New York und weinte, sobald ich aufwachte, um mein schon wieder verlorenes Paradies. Der Duft von blühendem Raps vermischte sich damals geheimnisvoll mit meiner Erinnerung an den fauligen Geruch des New Yorker Mülls und wenn ich seitdem irgendwo blühenden Raps rieche, denke ich an New York.

~

Krumme Gestalten,
vom Wind gebissen

Bäume gibt es kaum, nur die Obstbäume in den Gärten und die Chausseebäume, an denen die Leute sich totfahren, und die Weiden am See. Einige Kilometer entfernt steht hier und da auch ein Stück Wald. Sonst bis an alle Horizonte nur Felder, über die ungebremst der Wind fegt und an kalten Tagen wie eine bissige Hundemeute über die Leute herfällt; eine Gegend, die außer ihrer Weite und den kleinen kreisförmigen Ansammlungen von Weiden, die wie Augen in den Senken der Felder liegen, wenig zu bieten hat; eine landschaftliche Kriegswaise, arm und zurückgeblieben, getrennt von der großen Stadt Stettin, deren westliches Umland die Dörfer zwischen Löcknitz, Gartz und Schmölln einmal waren: heute der östlichste Zipfel von Vorpommern.

Das ist die Landschaft, die mir vom Leben zum Lieben zugeteilt wurde. Natürlich frage ich mich manchmal, warum es ausgerechnet diese sein mußte und nicht eine lieblichere oder grandiosere, reichere, buntere, wärmere, und die einzige Antwort, die mir einfällt, sagt weder etwas über die Landschaft, noch über mich, sondern nur über die geopolitischen Verhältnisse zur Zeit unseres Kennenlernens: es lag an der Erreichbarkeit, der räumlichen, finanziellen und zeitlichen Erreichbarkeit. Letztlich gründet jede Liebe in der Erreichbarkeit, hinter der aber, weil sie den Liebenden wohl zu profan und desillusionierend erscheint, lieber Schicksalhaftes vermutet wird.

In der *Ballade vom traurigen Chef* beschreibt Carson McCullers das Entstehen von Liebe: »Oftmals löst der Geliebte nur all die aufgespeicherte Liebe aus, die bis dahin so lange im Liebenden geschlummert hat. … Die merkwürdigsten Leute können Liebe auslösen. Ein Mann kann ein zitteriger Urgroßvater sein und noch immer ein fremdes Mädchen lieben, das er eines Nachmittags vor zwanzig Jahren in den Straßen von Cheehaw sah. Der Prediger kann eine Gefallene lieben. Der Geliebte kann treulos sein, kann fettiges Haar haben oder schlechte Gewohnheiten, ja, und der Liebende mag das alles so deutlich wie alle anderen Menschen erkennen, doch das berührt das Wachstum seiner Liebe nicht im geringsten. Eine höchst mittelmäßige Person kann Gegenstand einer Liebe sein, die so wild und außerordentlich und schön wie die Giftlilie im Sumpf ist. Ein guter Mensch kann eine heftige und erniedrigende Liebe auslösen, und ein stammelnder Irrer kann in einer anderen Seele ein zartes, schlichtes Gefühl hervorrufen. Deshalb gelten Wert und Eigenart einer Liebe einzig vom Liebenden her.«

Vor der Liebe, vor dem ersten Blick, steht der Entschluß, lieben zu wollen, den man mitunter vor sich selbst geheimgehalten hat. Dann sieht man hin, verliebt sich und sagt später: es war Liebe auf den ersten Blick. Mein entscheidender Blick traf auf ein verfallenes, von schlammigem Acker umgebenes und in ein unglaubliches, vom Regen klargewaschenes Herbstlicht getauchtes Haus am östlichsten Rand von Vorpommern.

Von da an durfte es keinen Zweifel mehr geben. Das ruinöse Haus, die eintönige Landschaft, ihre wortkargen Bewohner, das fettriefende Essen in der einzigen Kneipe, die erdfarbenen Häuser – alles hat man sich so gewünscht, so und nicht anders, weil der Entschluß, einmal gefaßt, richtig gewesen sein muß. Und später, als der Vorsatz, schön zu finden, was immer das ländliche Leben bereithielt, vielleicht an Kraft verlor, war unter seinem Schutz etwas herangewachsen, das in all der Dürftigkeit das Schöne wirklich finden konnte.

Der kleine See, in eine eiszeitliche Mulde gebettet, liegt etwa hundert Meter Luftlinie vom Haus entfernt. Im Sommer verschwindet er hinter den dichten, in allen Grüntönen bis silbriggrau schimmernden Weidenbüschen und taucht erst im Spätherbst in der jeweiligen Farbe des Himmels hinter dem kahlen Gezweig wieder auf. Wenn man in ihm schwimmt, kann man einige der Häuser auf der Anhöhe sehen, was in mir jedesmal ein rätselhaftes Gefühl irdischer Geborgenheit auslöst. Im Schilfgürtel und dem anschließenden Fenn rund um den See wohnen die Vögel, Wasservögel, Lerchen, sogar Nachtigallen, früher flog ab und zu ein erschreckter Fasan auf; ich weiß nicht, wo er geblieben ist. Und in jedem Jahr animiert uns der Kuckuck, die Jahre abzuzählen, die uns noch zugesteht. In den Frühsommernächten geht es am See zu wie in der Oper: Soli, Duette, Rezitative, so eindringlich und dialogisch, daß man zu verstehen glaubt, was die Werbenden rufen und die Umworbenen antworten. Unser Nachbar, wie die meisten Bauern in unromantischem Einvernehmen mit der Natur, lehnte eines Nachts, die Bierflache in der Hand, an der Treppe vor unserem Haus, lauschte der Nachtigall und flüsterte: »Hörst! Hörst! Mann, haut die Dinger raus.« Überhaupt hat mein Nachbar, als er noch lebte, schöne Sätze gesagt. Der erste, den ich mir gemerkt habe, galt uns, als wir unser gerade erworbenes Haus für den Winter vernagelten. Der Nachbar kam auf unser Grundstück und sagte: »Ick frag mich schon die janze Zeit: wer erbarmt sich da über dat Haus.« Das war vor mehr als zwanzig Jahren. Damals waren wir die einzigen Berliner in dem kleinen Ort; inzwischen gehört die Hälfte aller Häuser Städtern, und unser schöner schlaglöchriger Kiesweg wurde unter einer makellosen Asphaltdecke begraben, was höchstens von ein paar Städtern bedauert wird, aber natürlich von niemandem, der hier auch im Winter lebt. Die Straße führt durchs Dorf und sonst nirgendwohin, sie endet im Feld hinter dem letzten Haus. Überhaupt kann man fast alle Wege in unserer Gegend nur hin- und wieder zurückgehen. Von Schuckmannshöhe nach Battinsthal und von Battinsthal nach Schuckmannshöhe. Wollte man den Rückweg über Krackow nehmen, müßte man die letzten drei Kilometer über die schmale, vielbefahrene, ebenfalls makellose und darum für Spaziergänger lebensgefährliche Chaussee nach Schuckmannshöhe laufen. Auch der neue, mit zwei Betonspuren für die Autoräder ausgegossene Weg nach Storkow, entlang einem der sieben Penkuner Seen, beginnt an einer Chaussee und endet an einer anderen. Und selbst dem von diesem Weg abzweigenden Graspfad zum Os hat man kein anderes Ziel gegönnt als die Chaussee. Dabei gehört der Os zu unseren Attraktionen, was man ihm allerdings nicht ansieht. Eigentlich sieht er aus wie ein normaler grasbewachsener Hügel, und hätte die Naturschutzbehörde ihm nicht das Schild hingestellt, käme niemand auf die Idee, daß dieser Hügel ein Oszug und somit ein zehntausendjähriges Relikt aus der letzten Eiszeit ist, ein seltenes Zeugnis für die geologische Entstehungsgeschichte unserer Landschaft und schützender Hort für bedrohte Pflanzenarten. Hinter dem Os ragen wie Krieger der neuen Zeit fünf Windräder in den Himmel und lassen ihre Schwerter kreisen. »Verhalten Sie sich so, daß Besucher, die nach Ihnen kommen, sich in dieser Landschaft ungestört erholen können«, steht auf dem weißen Holzschild vor dem Os.

Die kleine Stadt Penkun, zu deren Amtsbereich wir gehören und die wie die ganze Region von einer Zukunft mit sanftem Tourismus träumt, weist auf ihrer Netzseite zwei Wanderwege aus, von denen einer 1970 Meter, der andere 1820 Meter lang ist, für Sitzgelegenheiten zum Ausruhen ist gesorgt; Wanderwege wie abgerissene Fäden in der Landschaft. Einzig der Weg rund um den verwilderten Gutspark in Battinsthal, vorbei an der schönen, einem Schinkel-Schüler zugeschriebenen Grabkapelle und dem Friedhof, auf dem nun auch mein Nachbar liegt, nur dieser kurze Weg von zehn oder zwölf Minuten, beschert dem Spaziergänger eine erlösende Ankunft.

Ich habe lange nach einem den Charakter des hier ansässigen Menschenschlags erhellenden Grund für diese einfältige Weggestaltung gesucht, weil es ja an sich demütigend ist, einen Weg, den man gerade hinter sich gebracht hat, Schritt für Schritt zurückzugehen, den Hinweg somit ungeschehen zu machen und die eigene, gerade vollbrachte Anstrengung zu entwerten. Ich bin aber nur darauf gekommen, daß hier eben niemand laufen will und darum auch niemand glauben kann, daß andere hier laufen wollen.

Ob je viele Wege und Raine die Felder zwischen unseren Dörfern durchzogen haben, weiß niemand mehr so genau, es darf aber bezweifelt werden, weil in dieser Gegend schon immer wenig freie Bauern gelebt haben und die großen Felder der Güter von Saisonarbeitern aus Hinterpommern und Polen bestellt wurden, wovon noch die alten Schnitterkasernen zeugen. Auf alle Fälle waren es mehr als heute, denn jetzt gibt es keine mehr. Die meisten wurden umgepflügt, als die Kollektivierung aus allen Feldern eines machte, die übrigen wurden während der letzten zehn Jahre in vermutlich von der EU subventioniertes Ackerland oder Brachen verwandelt. Nur die Traktoren hinterlassen wegartige Spuren, auf denen man ins Feld spazieren kann und dann, in der gleichen Spur, wieder zurück.

Gegenden wie die unsere bieten dem Zeitgeist wenig Haftung, zu viel Himmel, zu viele Felder und Wiesen und Menschen, die ihrer Landschaft enger anzugehören scheinen als der Zeit, die über sie herrscht. Inzwischen geht man nicht in den Konsum einkaufen, sondern in den Pennymarkt, das verfallene Renaissanceschloß in Penkun hat ein neues Dach, und seine gelbe Fassade leuchtet wieder über den See, auf den neuen Straßen fahren neue Autos. Nur die herangewachsenen Enkelkinder ringen hier und da noch einem alten Trabbi die letzten Kolbenschläge ab. Auf dem Marktplatz ist jetzt zweimal in der Woche Markt; die Schweineställe, deren Dreck jahrzehntelang in die

Penkuner Seen geleitet wurde, sind abgeschafft; Vereine hat man gegründet, und es werden wieder mehr Kinder konfirmiert, aber die Jugendweihe gibt es auch noch. Die Jungen ziehen der Arbeit nach in den Süden und Westen oder auf die Bohrinseln vor Norwegen und Frankreich, wo sie viel Geld verdienen und vielleicht sogar Sprachen lernen. Alles ist anders geworden, und alles ist, wie es war: das Gesetz der Jahreszeiten, dem Diktaturen ebenso unterliegen wie Demokratien; die räudigen Flecken auf den Feldern, wo der Boden schlecht ist, der bissige Wind; die gebückten alten Frauen in den Vorgärten, das Mißtrauen in jedwede Obrigkeit; der nächtliche Lichtschein über der nahen Stadt Stettin und natürlich der Himmel. Der fahle, diesige Himmel am Morgen, wenn das Gras noch feucht ist; die wechselnde Maskerade der Wolken: Gesichter, Pferde, krumme Gestalten, die der Wind zerfetzt und neu zusammenfügt, die Farbgewitter der Sonnenuntergänge, wenn man aus dem westlichen Fenster sieht, und unheimliche Mondgesichter über dem östlichen. Über diesem flachen Land herrscht der Himmel so unangefochten wie sonst nur über den Gipfeln der Berge. Aber Bäume gibt es kaum, nur die Obstbäume in den Gärten und die Chausseebäume, an denen die Leute sich totfahren, und die Weiden am See.

~

Eigentlich sind wir nett

Wären die Berliner Ausländer, dürfte gar nicht über sie gesprochen werden, wie von Passau bis Flensburg über sie gesprochen wird. Aber die Berliner sind keine Ausländer, sondern Inländer, und als Bewohner der Hauptstadt sind sie fast noch inländischer als alle anderen Inländer, und darum gilt in ihrem Fall alle üble Nachrede nicht als Diskriminierung oder als Verunglimpfung einer Minderheit, sondern als gerecht.

Vor einigen Tagen fuhr ich mit dem Zug von Ulm nach Berlin und kam während der achtstündigen Fahrt mit einem Herrn ins Gespräch, der nie zuvor in Berlin gewesen war und der sich nun, weil er seinen studierenden Sohn besuchen wollte, zum ersten Mal auf dieses ihm mißliebige Wagnis einließ.

Der Herr war noch keine fünfzig. Er trug ein kleinkariertes Jacket, braune Hosen, braune Schuhe. Am Kleiderhaken hing ein Trenchcoat mit Burberry-Futter. Vor der Wende sei er aus Prinzip nicht nach Berlin gefahren, schon wegen der Vopos nicht, aber auch wegen des ganzen heroischen Getues der Berliner. Die Berliner sein ihm von jeher unsympathisch gewesen. In Süddeutschland habe man sie ja als Urlauber zur Genüge kennenlernen können.

Ein bißchen schlimm seien Urlauber doch immer, sagte ich.

»Mag sein«, sagte der Herr, »aber die Berliner sind mir doch immer am schlimmsten vorgekommen. Laut, unhöflich, barsch, preußisch eben.« – »Ja ja«, sagte ich, »es wird schon stimmen, das behaupten ja alle.« – »Und, bitte verstehen Sie mich nicht falsch«, fuhr der Herr fort, »pöbelhaft, die Berliner wirken pöbelhaft, mein Sohn würde sagen: prollmäßig. Trotzdem wollte er unbedingt in Berlin studieren. Und sie sind Aufschneider, die Berliner. Kennen Sie den Witz von dem Berliner Jungen, der zum ersten Mal in die Alpen kommt und sich über die Mickrigkeit der Berge mokiert? Und als jemand einwendet, dass die Berliner schließlich gar keine Berge hätten, sagt der Junge: Aber wenn wir welche hätten, wären sie viel höher. Solche Aufschneider sind die Berliner.«

»Ist doch auch ganz witzig, der Junge«, sagte ich vorsichtig.

»Wie man es nimmt«, sagte der Herr, »wenn es witzig gemeint ist, schon. Aber vermutlich war es gar nicht witzig gemeint, sondern ernst. Von dem berühmten Berliner Humor habe ich sowieso noch nie etwas bemerkt.«

Langsam stieg Unmut in mir auf. Als Berlinerin bin ich an Schmähreden gewöhnt; und daß wir nicht besonders höflich sind, wissen wir selbst; und wenn wir von uns behaupten, wir seien rauh, aber herzlich, beweist das allein, daß wir uns über unseren Charme keine Illusionen machen. Aber das jeder schwäbische Schulmeister über unsere Humorlosigkeit lamentieren darf, geht zu weit. Wenn er jetzt noch über den Dialekt herfällt, dachte ich – und schon war es passiert.

»... und keine Vokale«, sagte er. »Batt statt Bad (er sagte Baad) und Ratt statt Rad (Raad), hinn statt hin (hien) und ann statt an (aan).«

»Und tschö statt adele«, sagte ich, nahm den Mantel und wollte das Abteil wechseln.

»Ich bitte Sie.« Der Herr sprang auf. »Sie gehen doch nicht meinetwegen, nein, das dürfen sie nicht.«

Er hängte meinem Mantel wieder an den Haken und nötigte mich auf meinen Sitz. »Aber sehen Sie. Genau das meinte ich«, sagte er, »die Berliner haben keinen Humor.« – »Was war denn gerade der Humor?« fragte ich.

Er klatschte vor Vergnügen in die Hände: »Ich sage es, ich sage es, keine Selbstironie, keinen Humor.«

Ich sah grimmig zu, wie ihm vor Lachen eine Träne aus dem rechten Augenwinkel lief. »Sie lachen schließlich auch über mich und nicht über sich«, sagte ich.

»Wenn Sie wüßten, wie ich über mich lachen kann, ha, laut und herzlich kann ich über mich lachen. Fragen Sie nur meine Frau. Wir haben da im Süden eine ganz andere Kultur, aber der Berliner bemitleidet sich gerne selbst. Der ist an seine Subventionen gewöhnt, die haben ja noch 1989 Mieten gezahlt wie Ulm in den Sechzigern. Und jetzt jammern sie.«

»Wer jammert?«

»Die Berliner.«

»Jetzt reicht es aber«, sagte ich, mittlerweile erschöpft von meiner eigenen Langmut. »Jetzt hören Sie mir mal zu«, sagte ich, »wir sind jetzt in Hannover, und bis Zoo hören sie mir jetzt zu. So höflich, wie ich Ihnen zugehört habe. Von mir aus auch so humorlos. Also: Wenn man den Ulmern oder den Münchnern oder den Heidelbergern vor zehn Jahren erklärt hätte, daß sie für den Rest ihres Lebens auf einer Baustelle wohnen werden, hätten sie vielleicht nur mit den Schultern gezuckt und gesagt: Na wenn's sein muß, besser, als wenn nischt jemacht wird? Hätten sie nicht.

Das haben aber die Berliner gesagt und suchen sich seitdem jeden Tag, den Gott werden läßt, neue Wege durch ihr Zentrum – das vermutlich so groß ist wie ganz Ulm –, mürrisch wie immer, aber auch nicht viel mürrischer. Und wenn sich irgendein russischer Mafioso nach Ulm verirren würde, hätten die Ulmer Zeitungen Stoff für drei Wochen und die Vertreiber von Sicherheitsanlagen Hochkonjunktur.

Aber wir haben außer der russischen die vietnamesische, die rumänische, die albanische, wahrscheinlich auch eine polnische und bulgarische Mafia und fragen uns höchstens, ob die mongolische eigentlich auch schon da ist. Sie denken, weil die Schwaben an jedes Wort ein -le hängen, sind sie auch die gemütvolleren Menschen, als würde aus einem Kampfhund ein Schoßhund werden, nur weil er Hundle heißt. Der Berliner ist ein wahrer Gemütsmensch, und was Sie als humorlos bezeichnen, ist seine kindliche Natur. Kinder verstehen keine Ironie. Aber wenn man zu den Berlinern sagt: Wir graben jetzt eure Stadt um, und ihr bekommt eine rote Box, von der aus ihr das Graben und Bauen beobachten könnt, dann klettern sie alle rauf und gucken runter und haben so ihr Vergnügen an der ganzen Plage. Und wenn man den Berlinern sagt: Jetzt ist die Kuppel vom Reichstag fertig, ihr könnt sie euch ansehen, dann stellen sie sich am nächsten Tag drei Stunden lang an, gehen rund um die Kuppel und sind entzückt, daß es sie gibt. Und wenn die Berliner Museen nachts öffnen, weil das interessanter ist als am Tag, dann gehen Berliner nachts ins Museum und freuen sich, wenn sie Bekannte treffen.

»Und wenn Sie den Berlinern sagen«, sagte ich zu dem Herrn aus Ulm, »daß morgen der irrste Regen der letzten fünf und der nächsten zehn Jahre fallen wird, dann werden sie alle in Gummistiefeln und mit Regenschirmen auf die Straße rennen, um den irren Regen nicht zu verpassen, und manche werden sogar ohne Regenschirm und barfuß kommen, jawohl.«

Ich redete und redete. Der Herr aus Ulm wirkte ziemlich eingeschüchtert, wie er sich in die Polster seines Zweite-Klasse-Sitzes drückte und mich schweigend und ungläubig anstarrte, während ich ihm alles sagte, was ich mir selbst manchmal hersage, wenn ich mich über den grobschlächtigen, uneleganten, mißgelaunten Menschenschlag, zu dem ich gehöre und mit dem umzugehen ich gezwungen bin, hinwegtrösten will.

»Und«, sagte ich zu dem Herrn aus Ulm, »die Berliner verleihen ihr Zentrum an jeden, der es haben will, an Raver, Marathonläufer, Radrennfahrer, Kinder, an Protestierer jeder Couleur, sicher auch an schwäbische Trachtengruppen, wenn sie es wünschten, weil die Berliner solche Gemütsmenschen sind«, sagte ich und verschwieg, daß ich den Berliner Senat oft genug verfluchte, weil er unser Stadtzentrum vermietet wie ein Gastwirt seinen Tanzsaal.

Offenbar war der Herr meiner Lobreden überdrüssig, denn der Trotz, der sein Gesicht zunehmend verfinstert hatte, wich einem listigen kleinen Lächeln. Eine längere Atempause von mir nutzte er auch gleich, um mir, obwohl wir noch nicht einmal den Stadtrand von Berlin erreicht hatten, ins Wort zu fallen.

»Diese großzügige Gastfreundschaft der Berliner haben auch die Nazis und die Kommunisten zu würdigen gewußt«, sagte er. Er atmete tief ein, so daß seine Nasenflügel ein wenig vibrierten, und rief mit bebender Stimme: »Nie wieder Großdeutschland, nie wieder Diktatur!« – »Ach ja«, sagte ich, »das sagen Sie als Lehrer, Sie sind doch Lehrer, oder nicht? Hitler hatte in Berlin nie die Mehrheit, das sollten Sie wissen. Und die Kommunisten mußten die Sachsen in Berlin ansiedeln, um die Berliner zu beherrschen. Und die Montagsdemonstrationen in Leipzig wären auch nicht gewesen, was sie waren, wenn die Berliner nicht alle hingefahren wären.«

Ob die letzte Behauptung stimmt, weiß ich zwar nicht, halte es aber für möglich. »Und falls Sie mir jetzt noch mit Preußen und dem Alten Fritz kommen sollten«, redete ich weiter, »sollten Sie gleich daran denken, daß unser Friedrich (ich sagte wirklich ›unser Friedrich‹) ein dicker Freund von Voltaire war und die Kartoffel eingeführt und den Juden Schutz geboten hat.«

Mit meinen letzten Worten fuhr der Zug in Berlin-Wannsee ein. Der Herr sah neugierig und unbeeindruckt von meinem Plädoyer aus dem Fenster. Ich mußte zum Finale kommen.

»Also, was ich sagen wollte«, sagte ich, »wir sind eigentlich nett. Sie müssen wirklich keine Angst haben. Und wenn jemand sie anmeckert, ein Lastwagenfahrer, dem Sie im Weg stehen, oder eine ungeduldige Verkäuferin, der Sie zu langsam sagen, was Sie wollen, dann sollten Sie nicht empört oder gekränkt sein, sondern ruhig und direkt fragen: Warum schimpfen sie mit mir?«

»Das ist ja lächerlich«, sagte der Herr.

»Versuchen Sie es einfach. Und dann wird der Lastwagenfahrer zu Ihnen sagen: ›Wissense, wie oft mir dit am Tach passiert, ich kann Ihnen janich sagen, wie oft. Und sehnse mal, wat ick denn machen muss, hier, sehnse die Kurbelei, und dit zichmal am Tach, sehnse. Ick bin seit zwanzich Jahren im Beruf, ick kann Ihnen wat erzählen…‹ Und dann erzählt er, und am Ende sagt er: ›Also nischt für unjut, wa, aber denkense in Zukunft mal dran. Schönen Tach noch, tschüss.‹

Und mit der Verkäuferin wird es ganz ähnlich sein. Ganze Lebensläufe und Familiengeschichten können Sie so erfahren. Jede Meckerei ist ein getarntes Gesprächsangebot, das können Sie ruhig glauben. Sie können sich natürlich auch so benehmen, wie Sie sich mir gegenüber benommen haben, und dann werden sich vermutlich alle ihre Vorurteile erfüllen; die ›sich selbst erfüllende Prophezeiung‹ heißt das. Aber eigentlich sind wir nett, wirklich. Allerdings kann auch passieren, daß Sie an einen geraten, der genauso ist, wie Sie denken, daß die Berliner sind, bei dem das auch mit dieser Frage, Sie wissen schon, nichts hilft. Aber das ist dann kein Berliner, sondern ein Brandenburger. Mit den Brandenburgern werden die Berliner zu ihrem Unglück oft verwechselt. Aber die Brandenburger sind wirklich so.«

»Ach so«, sagte der Herr, und wie er das sagte, klang ziemlich gemein. Wir passierten gerade den

Savignyplatz, und der Zugfunk verkündete die gleich zu erwartende Ankunft im Bahnhof Zoo.

Sein Sohn hole ihn ab, sagte der Herr aus Ulm, griff Mantel und Koffer und drängte zum Ausgang. Im Hinausgehen dankte er mir für die kurzweilige und sehr aufschlußreiche Reise. »Du alter Pietist«, dachte ich und wünschte ihm einen erbaulichen Aufenthalt in Berlin.

»Sie dürfen bei Rot über die Straße gehen«, rief ich ihm noch hinterher, aber wahrscheinlich hat er das nicht mehr gehört.

~

1999

Bruno

Die Jury war der Meinung, mich für Verdienste um die deutsche Sprache ehren zu können, was mich natürlich freut, zumal meine Art, sich um die Sprache zu mühen, nicht unbedingt und immer als solche erkannt wird, was vielleicht von meinem naiven Bedürfnis, verstanden zu werden, herrührt oder von meiner Lust am jeweils kleinsten und geringsten Wort, so daß der eine oder die andere glauben mag, ich kennte die großen und reicheren Wörter gar nicht. Und so bin ich der Jury dankbar, weil sie meinen zurückhaltenden Umgang mit den Wörtern offensichtlich als lobenswerte Absicht erkannt hat und ihr nicht etwa Kunstlosigkeit unterstellt.

Das ermutigt mich, Ihnen heute von einer Erfahrung zu erzählen, die mich seit einiger Zeit, eigentlich seit fast drei Jahren, solange ich nämlich einen Hund habe, beschäftigt: von der Erfahrung einer nahezu sprachlosen Verständigung. Nicht daß Bruno, so heißt mein Hund, nicht einige Wörter verstünde, wie Hunde sie heute in der Hundeschule oder bei Privatlehrern lernen: Sitz, Platz, Halt und dergleichen, aber das erklärt nicht, warum er nachmittags erlaubt, daß ich mit der blauen Einkaufstasche über der Schulter die Wohnung verlasse, und abends, wenn ich mir die Tasche zur Tarnung überhänge, um heimlich ins Kino zu gehen, wild hinter mir herbellt und, kehrte ich nicht um, damit fortfahren würde, bis ich wiederkäme. Was habe ich getan, woran er den Betrug erkennen konnte? Ich habe mich extra nicht geschminkt, mich nicht mit Parfüm besprüht, ich habe mich nicht einmal vor dem Spiegel gekämmt, sondern unauffällig und nebenbei. Klingen meine Schritte anders, wenn ich ins Kino aufbreche und nicht zum Einkauf? Ist mir die Vorfreude anzuriechen? Was merkt Bruno; denn er merkt etwas.

Als wir uns kennenlernten, Bruno und ich, war Bruno vermutlich drei Jahre alt und irgendjemand hatte die Grundlagen hündischer Erziehung an ihm vollbracht, allerdings mit für Bruno lebensgefährlichen Lücken, z. B. dem Respekt vor Autos, was nach einer Erklärung verlangte. Woher kam Bruno? Wochenlang mündeten fast alle familiären Gespräche, die auch enge Freunde nicht verschonten, in Mutmaßungen über Brunos Vorleben. Der Verdacht, er könnte russischer, polnischer oder sonstiger Herkunft sein, ließ sich schnell entkräften. Bruno reagierte weder auf Sadis!, noch auf Siad!, noch auf Sit down!, wohl aber auf Sitz. Er war also ein Deutscher. Er konnte nicht aus einer Stadt kommen, weil ihm, wie schon erwähnt, jeglicher Respekt vor Autos und Hauptverkehrsstraßen fehlte, er konnte aber auch nicht vom Lande stammen, da er, als er zum ersten Mal zweier Pferde ansichtig wurde, für wenigstens eine ganze Minute zur Statue erstarrte, um dann, nachdem er in seinem Hundehirn offenbar keine Erinnerung an ein ebensolches Abbild finden konnte, in rätselhafter Absicht die Koppel stürmte. Mittlerweile nehmen wir an, daß Bruno seine Kindheit in einer Vorstadt verbracht hat, wo er allein mit einer älteren Frau lebte, die nicht mehr gut zu Fuß war, so daß Bruno wenig Kontakt zur Welt, vor allem zu anderen Hunden hatte, die aber häufig Besucher empfangen haben muß, weil Bruno Menschenansammlungen liebt und auf die Ankündigung, es käme Besuch, sofort erwartungsvoll zur Wohnungstür läuft. Daß es eine alte Dame gewesen sein muß, glaubten wir, weil Bruno, sobald einer von uns sich aus dem Fenster lehnte, sich sofort drängelnd dazugesellte, als sei das für diese Art der Beschäftigung der ihm angestammte Platz. Als sicher kann auch gelten, daß er nicht in einer Wohnung, sondern in einem eigenen Haus gelebt hat, sonst hätte er schon am Anfang gewußt, daß er nicht alle fünf Stockwerke unseres Hauses, sondern nur unsere Wohnung zu bewachen hat. Warum die alte Dame, bei der Bruno allem Anschein nach eine schöne Kindheit verbracht hat, ihn dann allein gelassen hat, bleibt unklar. Entweder war sie in einen Unfall verwickelt, in dessen Folge der Hund verlorenging, denn es ist seltsam, daß Bruno die Autos nur so lange nicht fürchtet, wie er selbst nicht in einem sitzt, aber unruhig, sogar panisch reagiert, sobald unser Auto zum Beispiel auf der Autobahn von anderen Autos umringt ist, was mich zwingt, ständig alle vorgeschriebenen Geschwindigkeiten zu überschreiten, um unangefochten an der Spitze jedweder Kolonne zu fahren. Oder aber die alte Dame wurde ins Krankenhaus eingeliefert oder ist sogar gestorben und Bruno wurde von ihren herzlosen Erben mit einem Auto irgendwo hingefahren und ausgesetzt, was erklären würde, warum er anfangs bei jeder Autofahrt kotzen mußte. Bei dieser Variante sind wir bis heute geblieben, weil uns die Vorstellung, jemand könnte mit einem so liebenswürdigen und intelligenten Hund wie Bruno zuerst gelebt und ihn dann auf die Straße gesetzt haben, einfach zu abwegig vorkam.

Obwohl wir uns also große Mühe gegeben haben, Brunos soziale Vorgeschichte zu rekonstruieren und uns seine Eigenarten aus ihr zu erklären, gebührt, davon bin ich überzeugt, das größere Verdienst an unserer glücklichen Verständigung Bruno.

Manchmal, wenn ich Bruno etwas über die Beschwernisse des menschlichen Lebens erzähle, sieht er mir so beängstigend aufmerksam in die Augen, als warte er nur auf das Zeichen, das ihm die seltsamen Laute endlich entschlüsselt, und seine aufgeregt wedelnde Schwanzspitze signalisiert die beharrliche Bereitschaft, mich zu verstehen. Vielleicht gefällt ihm aber auch nur, daß ich überhaupt mit ihm spreche und er wartet nur auf eines der Wörter, die er kennt, Hunger, fressen, runter, na los, oder ähnliches. Eine Tierärztin hat mir für mein Leben mit Bruno warnend auf den Weg gegeben, der Hund täte nichts für mich, sondern alles nur für sich. Aber was heißt das schon? Bei Georg Büchner steht der Satz: »Alle Menschen sind Epikuräer; es gibt grobe und feine. Christus war der feinste.« Alle Genüsse, nach denen Bruno strebt, verwalte ich, das Futter, die Waldgänge, die Spiele. Alle Wege, die Genüsse zu erlangen, führen über mich, und wahrscheinlich stimmt es, daß Bruno mich nur darum so beängstigend aufmerksam beobachtet und nur darum gelernt hat, die geringsten Gesten und Nuancen meiner Stimme zu deuten. Zum Beispiel reißt das zarte Sirren und Klicken meines Laptops, wenn ich ihn auf die *Stand-by*-Funktion einstelle, Bruno aus tiefem Schlaf auf seine vier Beine, wie auch jedes andere finale Geräusch, von dem Bruno sich etwas erhofft: das Schließen eines Buches oder das Auflegen des Telefons. Von irgendeinem Tag an sprang Bruno aber schon erwartungsvoll auf, wenn sich das Gespräch zwar dem Ende näherte, aber nicht beendet war, was ich mir zunächst nicht erklären konnte und darum fortan nicht nur Bruno, sondern auch mich beobachtete, bis ich herausfand, daß Brunos Stichwort

»Na gut« hieß, ein besonderes, von oben nach unten, ein bißchen gedehnt und auf den Punkt gesprochenes »Na gut«, das ich, ohne mir dessen bewußt zu sein, offenbar immer dann sagte, wenn ich meinem Gesprächspartner ein Ende nahelegen wollte. Nachdem ich es wußte, fand ich es ziemlich unhöflich und bemühe mich nun um eine gesittetere Form des Abschieds, die nicht jeder Hund durchschauen kann. Aber wahrscheinlich ist es umgekehrt und was ein Hund nicht durchschaut, bemerkt ein Mensch erst recht nicht. Kürzlich waren C. und ich zum Abendessen eingeladen und als die Stunde fortgeschritten war, drückte ich zum Zeichen meiner Aufbruchsbereitschaft eine erst halbgerauchte Zigarette entschlossen aus, ohne daß C. meine Geste registriert hätte und wäre Bruno, der unter dem Tisch schlief, nicht alarmiert aufgesprungen, hätte ich die halbe Zigarette wahrscheinlich umsonst geopfert.

Natürlich tut Bruno das für sich und nicht für mich. *Er* will gehen, darum muß er wollen, daß *ich* gehe, und wenn ich auch gerade gehen will, sind wir eine wunderbare Gemeinschaft.

Manchmal, sogar oft, beneide ich Bruno, obwohl ich mir unser Leben in vertauschten Rollen natürlich nicht vorstellen kann. Ich möchte nicht, wie Bruno gerade jetzt, jede Regung meines Herrn oder meiner Herrin hoffnungsvoll belauern, weil die Zeit für den Waldspaziergang längst überschritten ist und ich nur nicht weiß, daß er heute wegen schneeglatter Straßen überhaupt ausfallen wird. Vor Fällen eines so komplexen Zusammenhangs von Ursache und Wirkung enden die Möglichkeiten nonverbaler Kommunikation, was den Vorteil hat, daß ich mit Bruno nicht darüber diskutieren muß, wie ich es vor dreißig Jahren mit meinem Kind hätte tun müssen, ob die Straßen wirklich zu glatt sind und warum die anderen Autos fahren und warum ich nicht rechtzeitig Winterreifen habe aufziehen lassen undsoweiter.

Der Gedanke, die Voraussetzung des harmonischen Einvernehmens zwischen Bruno und mir sei Brunos absolute Abhängigkeit von mir, kann nicht zurückgewiesen werden, wenn er die Illusion von einer idealen Liebe auch stört, wenn nicht zerstört. Früher, als noch nicht jede zweite oder dritte Ehe geschieden wurde und das Verhältnis der Geschlechter noch nicht in die gegenwärtige konfuse Unordnung geraten war, als der Mann noch Familienernährer und Oberhaupt war, damals muß die Legende von der besonderen Intuition der Frau in die Welt gekommen sein, eine Art von Instinkt, mit dem die Frauen die Umwelt wahrnahmen und deuteten und dessen Ursprung die Männer sich nicht erklären konnten, so wie ich mir nicht erklären kann, woher Bruno weiß, wann ich die blaue Einkaufstasche wirklich brauche und wann sie mir nur zur Tarnung dient. Vermutlich liegt das Geheimnis in der geschärften Aufmerksamkeit der Abhängigen, die gelernt haben, aus jedem Vibrieren des Atems und jeder Falte des Gesichts die für ihr Leben wichtigen Informationen zu beziehen, nur daß die Menschen, die männlichen wie die weiblichen, darin lieber eine den Frauen vorbehaltene besondere Form selbstloser Liebe oder eine ihnen angeborene, unheimliche Begabung gesehen haben, statt sich, wie ich, mit der Wahrheit abzufinden, die eben heißt: Bruno tut nichts für mich, sondern alles nur für sich.

Es ist schwer zu sagen, worum ich Bruno eigentlich beneide. Es ist etwas Ernstes, das mich selbst infrage stellt, weil es die Abwesenheit dessen einschließt, worauf wir alle so stolz sind, die Sprache. Bei allem, was Bruno tut, habe ich das Gefühl, er könne nichts falsch machen, weil er tut, was er tun muß. Seine Art, sich verständlich zu machen, ist unmißverständlich. Er ist darauf angewiesen, verstanden zu werden. Seine Freude ist ungestüm, der Kummer herzzerreißend, die Angst panisch, jedes Gefühl wird ins Äußerste gesteigert, nichts wird verborgen, nichts Sichtbares wird dementiert durch Gehörtes. Ich muß lachen, wenn ich ihm zusehe; selbst wenn er traurig ist, muß ich lachen, weil der ganze Bruno von den Ohrspitzen bis zur Schwanzspitze sich in hemmungsloses Unglück, in eine Karikatur von Unglück verwandelt hat. Ich muß lachen, weil mich der Anblick von so viel bekennendem Unglück ganz glücklich macht; nicht weil dieses Unglück mir, die ich gerade das Haus verlassen will, gilt, sondern weil es ein Signal allernatürlichsten Ursprungs ist, das ich mit dem gleichen Sinnesorgan empfange, mit dem Bruno es aus seinem Hundekörper sendet. Gott wohnt in den Augen der Tiere; den Satz habe ich einmal geträumt oder irgendwo gelesen.

Im Sommer verbringen Bruno und ich mehrere Wochen auf dem Lande. Wenn mich jemand fragt, wie es so sei, ganz allein mit dem Hund in der Ödnis, sage ich: paradiesisch. »Doch das Paradies ist verriegelt und der Cherub hinter uns; wir müssen die Reise um die Welt machen und sehen, ob es vielleicht von hinten wieder offen ist«, sagt Heinrich von Kleist. Und so ist meine sprachlose Freundschaft zu Bruno vielleicht der Versuch, mich heimlich ans Paradies heranzuschleichen, um mich über die Unvollkommenheit meiner sprachlichen Bemühungen hinwegzutrösten.

~

Hunde

Von meinem Hund Bruno haben manche meiner Freunde behauptet, er sei eigentlich ein Mensch. Gedacht habe ich das natürlich auch, aber weil ich weiß, wie schnell ein Hundeliebhaber der Lächerlichkeit anheimfällt, habe ich lieber gesagt, meine Freundin S. oder mein Freund P. behaupteten, Bruno sei eigentlich ein Mensch, ich selbst hielte ihn natürlich einfach für einen Hund, wenn auch für einen außergewöhnlichen Hund. Ich glaube sogar, daß Bruno selbst sich für einen Menschen hielt. Wenn er auf der Straße drei Jungen mit einem Ball sah, stellte er sich als vierter daneben und wollte mitspielen. Er war ein großartiger Torwart. Als einmal eine Mutter einer Gruppe Kindern Kekse anbot, stellte er sich an und wartete, bis er an der Reihe war. Besucher empfing er mit anhaltendem Gebell, bis der Gast endlich im Sessel saß. Dann setzte er sich höflich wedelnd daneben, als wolle er nun die Konversation beginnen. Ich übersetzte dann meinen irritierten Gästen, sofern sie mit Brunos Empfangsritualen nicht vertraut waren, was er ihnen sagen wollte: Komm rein, komm rein, ich heiße Bruno, wie heißt du, mach schnell, komm rein und setz dich hin. Ich verstand genau, was Bruno sagte, mein Gehirn übersetzte sein Gebell mühelos in menschliche Sprache, jedenfalls kam es mir so vor. Und Bruno verstand, sofern es für ihn von Belang war, was ich sagte, so daß ich im Gespräch mit anderen Personen manche Wörter, z. B. das Wort runter, buchstabieren mußte, um Bruno nicht zu alarmieren. Bruno ist schon lange tot und jetzt kann ich es sagen: Bruno war ein Mensch, jedenfalls fast.

Momo, Brunos Nachfolger, der bis auf die Ohren fast so aussieht wie Bruno, ist ein Hund. Das sagen auch meine Freunde: Bruno war ein Mensch, aber Momo ist ein Hund. Alle lieben Momo. Er bellt fast nie, Kindern geht er lieber aus dem Weg, Gästen drückt er seine Stirn gegen das Knie, um sich streicheln zu lassen. Jeder glaubt, Momo möge gerade ihn ganz besonders. Wörter interessieren Momo nicht, Bällen und Stöcken läuft er nur hinterher, solange sie fliegen. Er ist mit anderen Hunden auf der Straße aufgewachsen. Hunde werfen einander keine Stöcke und Bälle.

Nur in ihrer seismographischen Fähigkeit, mein alltägliches Tun zu dechiffrieren, gleichen sich Bruno und Momo wie ein Hund dem anderen. Das Schließen eines Reißverschlusses, das Sprühen aus einer Parfümflasche, die Suche nach dem Schlüssel, das Klappen einer bestimmten Schranktür, das Schließen eines Laptops, allein zielgerichtetere Schritte als in der Wohnung üblich, von einem bereitgestellten Koffer ganz zu schweigen, machen jeden Versuch von Geheimhaltung zunichte. Wie immer sich das in einem Hundehirn ausdrückt, Bruno wußte und Momo weiß über meine Absichten jederzeit genau Bescheid.

Ich führe mit meinem Hund ein sehr harmonisches Leben, wenn ich von gewissen Schwierigkeiten absehe, die mir zuweilen viel Nerven- und Körperkraft abverlangen. Momo haßt Rüden, besonders die kleinen, er hebt beim Spaziergang alle drei Meter das Bein, er würde jeden Spatzen jagen, wäre er nicht angeleint. Ich kann Hunde nicht erziehen. Ich kann wunderbar mit ihnen leben, aber ich kann sie nicht erziehen, obwohl ich alle möglichen Bücher über Hundeerziehung gelesen und sogar schon Hundetrainer konsultiert habe. Wenn ich die strengen blonden Mädchen mit ihren hundegeschulten Hunden sehe, die sich an jeder Straßenecke hinsetzen und erst weitergehen, wenn es ihnen erlaubt wird, die dicht am Bein ihrer Herrin laufen und dabei nicht nach links und rechts sehen, jeden Hund und jeden Spatzen ignorieren, dann bewundere ich das sehr. Ich bewundere Menschen, die ihren Hunden das Tanzen und Totstellen beibringen können oder sie sogar animieren, sich unter Verrenkung ihrer Gliedmaßen zu Buchstaben zu formieren. Aber was hat ein Hund mit dem Alphabet zu tun? Und könnte ich über Momo noch so oft lachen, wenn wir beide erfolgreich eine Hundeschule absolviert hätten, wenn er nicht mehr neugierig in jeden geöffneten Kofferraum schnüffeln würde oder sich furchtbar aufregen, weil ein Auto rückwärts fährt, was er für falsch hält; oder wenn er ein Baugerät, das gestern noch nicht dastand, nicht mehr anbellen würde, weil er eine Gefahr in ihm wittert? Wenn er ganz und gar mein Geschöpf geworden wäre?

Und was erst wäre in einer Hundeschule aus Bruno geworden, dem von einem jungen Mann, der, während wir gemeinsam an einer Ampel warteten, gerade einen Kaugummi auswickelte, die Hälfte dieses Kaugummis angeboten wurde, weil Bruno ihn beim Auswickeln so intensiv beobachtet hatte, daß der junge Mann ihn wohl auch für einen Menschen gehalten hat. Aus Bruno wäre ein Hund geworden.

~

Das Märchen vom Deutschen Milchschaf

Es war einmal ein Schmied, der besaß ein einziges Schaf. Das pflockte er in seinem Garten an und liess es jeden Tag ein anderes Areal Gras abfressen, wodurch der Rasen im Garten des Schmiedes immer wie frisch geschoren aussah, ohne dass der Schmied auch nur die geringste Arbeit damit gehabt hätte. Eines Abends kam der Schmied wieder einmal betrunken nach Hause, sah, dass hinter keinem Fenster mehr Licht brannte, woraus der Schmied schloss, dass seine Frau schon schlief. Da er sich noch ein bisschen unterhalten wollte, ging er auf die Wiese zu seinem Schaf, dass sich über den späten Besuch freute und, um seine Freude zu bezeugen, einige Male den Schmied umkreiste, wobei es ihm die Kette, an der es befestigt war, als dreifache Schlinge um die Beine zog, so dass der betrunkene Schmied in dem Kettengewirr strauchelte, hinfiel und sich ein Bein brach. Da der Schmied das Schaf für schuldig hielt an seinem Unglück, verkaufte er es für wenig Geld an seinen Freund, einen Bauern aus dem Nachbardorf, der ohnehin eine ganze Schafherde besaß. »Mit dem einen wirst du auch noch fertig«, sagte der Schmied zu seinem Freund. Der Bauer dachte sich, dass sein Freund, der Schmied, eben kein Bauer war und darum auch nicht mit einem Schaf umzugehen wusste und das es wirklich wenig Geld war, was er für das Tier zahlen sollte. Er kaufte das Schaf und sperrte es in die Koppel zu den anderen.

Es war ein heißer Sommer, seit Wochen hatte es nicht geregnet und das Gras in der Koppel, dass die Schafe bis auf den letzten Halm abgefressen hatten, konnte nicht nachwachsen. Den ganzen Tag lang blökten die Schafe vor Hunger, bis der Bauer ihnen abends ein bisschen Heu und Korn vor die Hufe warf. Das neue Schaf, gewöhnt, jeden Tag einen frischen Weideplatz auf dem gut gewässerten Rasen im Garten des Schmiedes abzugrasen, konnte sich mit seiner neuen Lage nicht abfinden. Außerdem war es von anderer Rasse als die übrigen Schafe: ein Deutsches Milchschaf.

Das hatte der Bauer, als er es kaufte, nicht bedacht. Während die Merinoschafe unglücklich und geduldig auf dem dürren Boden ausharrten, bis es Abend wurde, machte sich das Deutsche Milchschaf auf die Suche nach einem Ausweg. Es fand eine Stelle im Zaun, die der Bauer im Vertrauen auf die Ergebenheit seiner Merinoschafe unachtsam genagelt hatte, so dass die obere Platte an einer Seite herabhing. Das Deutsche Milchschaf setzte über, riß sich ein paar seiner weißen

Locken vom Bauch und war in Freiheit. Es ging in den nächsten Garten, fraß die Glockenblumen, Margeriten, den Rittersporn, es fand sogar etwas Fallobst. Am Abend beschwerte sich der Besitzer des Gartens beim Bauern, der Bauer verprügelte das Schaf, reparierte den Zaun und sagte zu seiner Frau: »Was ist das bloß für ein Tier, die andern machen das doch nicht.« Und die Frau sagte: »Mann, das olle Schaf, das. Wie das schon aussieht mit seinen großen Ohren.«

Am nächsten Tag fand das Schaf eine Stelle am Zaun, an der die Latten soweit auseinanderstanden, dass es sich, zwar mit Mühe, aber doch hindurchzwängen konnte. Es riß sich ein paar seiner weißen Locken aus Bauch und Rücken und fraß im Nachbargarten die Fliederbüsche kahl, so hoch es mit seinem kurzen Hals reichte.

Der Nachbar schimpfte, der Bauer verprügelte das Schaf, vernagelte die Lücke im Zaun und sagte zu seiner Frau: »Das Tier ist zu schlau. Wenn es uns mal nicht die andern Schafe noch verdirbt.« Und die Frau sagte: »Soweit kommt's noch. Das olle Schaf, das, wie das schon kaut mit seinem Maul.«

Der Bauer war ein kluger Bauer und hatte alles richtig vorausgesehen. Am nächsten Tag machten sich fünf Schafe auf den Weg in den Nachbargarten, und der Bauer, der sah, dass der Garten nicht mehr zu retten war, vielleicht aber die Freundschaft zu seinem Nachbarn, nahm ein Beil und das Deutsche Milchschaf und verschwand damit hinter dem Schuppen, nicht ohne einen bösen Gedanken an seinen Freund, den Schmied, der ihm dieses unheimliche Schaf in die Herde gesetzt hatte. Nach dem Abendessen nahm der Bauer das blutige Bündel aus dem Schuppen, brachte es zu seinem Nachbarn, »hier hast du ihn«, sagte er und gab ihm zur Versöhnung das Fell, das bis vor einer Stunde noch dem Deutschen Milchschaf angewachsen gewesen war.

Der Nachbar liess das Fell gerben, legte es in seinen Sessel und saß seitdem jeden Abend darauf, wenn er fernsah. Und wenn er nicht gestorben ist, dann sieht er heute noch.

~

(1988 / 89)

Weibliche Kreativität

Die Frage nach dem Zusammenhang zwischen weiblicher Kreativität und Biografie ist eigentlich nur die feministische Variante der meistgehassten Publikumsfragen: Warum schreiben Sie? Und wie autobiografisch sind ihre Bücher?

Ich weiß nicht, ob andere Schriftsteller wirklich wissen, warum sie schreiben. Ich jedenfalls weiß es nicht. Ich könnte mir eine Antwort ausdenken, eine ernste oder komische, eine psychologische oder ästhetische, ich könnte sie so lange formen und schmükken, bis sie mir gefällt und ich bereit bin, sie als die einzig wahre Auskunft selbst zu glauben. Aber selbst dann könnte ich nicht erklären, warum ich alle anderen Berufe, die mich im Leben hätten interessieren können, nicht ausübe. Warum bin ich nicht Malerin oder Biologin geworden?

Vielleicht bin ich nur Schriftstellerin geworden, weil es mir sehr früh als eine trostreiche Beschäftigung erschien, Wörter auf einen Zettel zu schreiben.

Ob meine Kreativität weiblicher Natur ist, weiß ich nicht. Vielleicht entspringt sie ja gerade meinem männlichen Anteil. Es wird Sie vielleicht enttäuschen, aber ich habe mir über den weiblichen Charakter meiner Kreativität kaum mehr Gedanken gemacht als über die kreative Wirkung meine Augenfarbe. Ganz offensichtlich bin ich ein weiblicher Mensch, wie die primären und sekundären Geschlechtsmerkmale meiner biologischen Erscheinung beweisen. Ich habe ein Kind gebären können, und die anderen Menschen erkennen in mir eine Frau.

Um dem geschlechtsspezifischen Gehalt meiner Kreativität auf die Schliche zu kommen, fragte ich meinen Freund Max, einen umtriebigen Journalisten aus Berlin, kürzlich nach seiner männlichen Kreativität. Was für ein Ding, fragte Max, überlegte eine Weile und sagte dann, ich solle ihn lieber nach seiner weiblichen Kreativität fragen. Er könne gut zuhören und trainiere seit längerer Zeit an einer perfekten Crème brûlée. Seine geistigen Potenzen wollte er seine Geschlechtszugehörigkeit aber nicht unterordnen lassen. Er fand es auch überflüssig, dass ich mir dergleichen antue.

Wenn ich trotzdem versuche, die weibliche Besonderheit meiner Kreativität zu bestimmen, erweist sich schon der Umstand, dass ich nicht weiß, wie ich als Mann mich von mir als Frau unterscheiden würde, als unüberwindliches Hindernis. Natürlich ist meine persönliche Geschichte mein Schreibmaterial, aber ist das bei Männern denn anders? Selbst wenn sie es vertuschen und verschleiern, bleibt es erkennbar.

Sie sehen mich in großer Verlegenheit, weil ich auch der Aufforderung, über den Zusammenhang zwischen dem Werden des Werkes und dem Werden der eigenen Identität zu sprechen, eigentlich nicht nachkommen kann, weil ich jeder eindeutigen Kausalität, die sich mir in verträumten Stunden manchmal zu offenbaren scheint, tief mißtraue; unter anderem schon darum, weil ich wenigstens acht, wenn nicht neun Varianten davon kenne.

Warum bin ich, wie ich bin? Warum tue ich, was ich tue? Das ist die Frage nach Gott, und wenn man an den nicht glaubt, an das Schicksal, an die Natur, und ich kenne die Antwort nicht.

Eine Frage kleineren Zuschnitts ist: Will ich, was ich tue?

Ich verstehe darunter nicht die einfache Umkehrung des Satzes: Ich tue, was ich will, der viel Raum für Beliebigkeit einschließt und die Not des Mandelnmüssens außer Acht lässt. Es gibt Situationen, in denen wir tun müssen, was wir eigentlich nicht wollen, weil es unsere Kreise stört, in denen wir aber trotzdem sagen können: Ich will, was ich tue.

Da Frauen die Kinder bekommen und von der Natur meistens auch mit dem Wunsch, diesen biologischen Auftrag zu folgen, ausgestattet sind, werden sie häufiger und in existenziellerer Weise als Männer gezwungen, ein Wollen gegen ein anderes Wollen abzuwägen. Oder aber, und das ist meine Erfahrung, sie entscheiden sich, die Vollkommenheit woanders zu suchen als in der Perfektion des Einen, das heißt: die Einbrüche des Lebens in das Werk zuzulassen.

Ein Talent muss beschützt und verteidigt werden. Ich glaube, das es für Frauen schwerer ist, ihre Begabung vor dem alltäglichen Verschleiß zu bewahren, eben weil der Konflikt zwischen ihrem kreatürlichen und ihrem kreativen Wollen, zwischen sozialen und professionellem Sein oft unlösbar erscheint.

Ich meine nicht die oft zitierte Doppelbelastung der Frau, die gibt es sicher auch, wäre aber durch gute Organisation, Arbeitsteilung oder ausreichendes Geld für ein Kindermädchen zu beheben. Ich spreche von der empfundenen und nicht delegierbaren Zuständigkeit, die auch so lange nicht als Belastung empfunden wird, wie sie einem anderen Interesse oder Wollen nicht im Wege steht. Und jetzt bleibt mir nichts übrig, als ein bisschen pathetisch zu werden, denn ich glaube, dass wir nur dann, wenn wir unsere Arbeit, der Wissenschaft, der Kunst, der Literatur, ein Maß setzen, dass unserem kreatürlichen Leben Raum lässt, als Reichtum erleben können, was uns manchmal als Einschränkung erscheint.

In unserem immer noch reichen Europa und in unseren privilegierten Berufen ist es ja eigentlich ein Luxus, wenn nicht gleich Kinder, so doch ein Kind zu haben. Ich kenne immer mehr Männer, die die Frauen um diese nicht käufliche und auf keine andere Art erwerbbare Fähigkeit beneiden. Darum forschen sie wie besessen nach einer Möglichkeit, Kinder herzustellen außerhalb der Frau. Sie, die sonst so gut rechnen können, investieren Unsummen in den Traum vom Homunkulus, weil sie nicht ertragen können, dass die einfachste, schönste und billigste Art, Menschen in die Welt zu setzen, allein den Frauen gegeben ist. Ich habe die Frauenbewegung in manchen ihre Intentionen nicht verstanden oder nicht sonderlich sympathisch gefunden, am wenigsten aber in ihrer, inzwischen natürlich antiquierten, Preisung der Kinderlosigkeit.

Wir leben angeblich schon in der Welt des Bill Gates, vielleicht ist es wirklich so. Aber ich glaube an diese digitalisierte Zukunft noch nicht, denn auch wenn sich die ganze zivilisierte Welt um uns herum in einen einzigen Microchip verwandelt, fließt durch uns das gleiche Blut, regiert das uralte Stammhirn in unserem Schädel, wird ein Mensch die Nähe eines anderen Menschen suchen, werden wir nachts nicht schlafen können, wenn unsere Kinder krank sind oder auch nur zu spät nach Hause kommen.

Ein Teil von uns bleibt unzivilisierte Natur.

~

Vortrag in Turin, 1996

Ich will, was alle wollen

Natürlich will ich, was alle wollen: Ich will lange leben; und natürlich will ich nicht, was alle nicht wollen: Ich will nicht alt werden.

Ohne die Zeugenschaft der anderen ließe sich das Altwerden leichter ertragen. Man könnte sich ihm ehrgeizlos hingeben, neugierig verfolgen, was es anrichtet, ohne Verzweiflung oder gar Schande zu empfinden. Vielleicht würde man sogar den sich unaufhaltsam näher an den Tod als weniger grauenvoll empfinden, dürfte man sich der Altersschwäche wehrlos überlassen, ohne die triumphierende Lebensgier der anderen fürchten zu müssen. Die anderen sind alle anderen, manchmal sogar wir selbst, wenn wir in mitleidlosen Stunden uns betrachten, wie wir sonst die anderen betrachten oder diese uns, und wenn dieser kühle, herzlose Blick den Satz formt: Ich bin alt geworden. Der Herzlosigkeit aller anderen sind wir so sicher, weil wir sie als unsere eigene kennen.

Ich glaube nicht, dass unsere Herzlosigkeit der Bosheit entspringt, nicht einmal der Schadenfreude;

welche Freude könnte schon ein Schaden bereiten, den man auch selbst zu ertragen hat. Aber die Gewissheit, dass wir dieses Unglück mit allen anderen teilen, verschafft uns Erleichterung. Zum Beispiel versetzte mich die Beobachtung, dass R., eine gleichaltrige Bekannte von mir, einfach nicht alterte, jedenfalls nicht so wie ich und andere Frauen meines Alters, in eine gereizte Unruhe. Als ich ihr kürzlich wieder begegnete und sah, dass ihr offenbar innerhalb weniger Monate widerfahren war, was ich und die anderen während der letzten zehn Jahre an uns hatten geschehen lassen müssen, war ich nicht schadenfroh, wirklich nicht, eigentlich hatte ich ihr ihre Jugendlichkeit sogar gegönnt, aber erleichtert war ich doch, weil das Altern als Schicksal jedweden Lebens noch zu ertragen ist, als persönliches Versagen aber nicht.

Als ich jung war, zog ich das Altern für mich nicht in Betracht. Ich konnte mir mich als eine ältere Frau einfach nicht vorstellen; noch weniger ahnte ich, was ich als ältere Frau auf der Welt zu tun haben könnte. Natürlich wusste ich nicht, was ich heute weiß, das nämlich ungefähr die Hälfte aller Zwanzigjährigen meiner Generation an ähnlicher Phantasielosigkeit litt und sich darum nach der Jugend eher den Tod als das Alter denken konnte. Inzwischen habe ich wenigstens hundert Menschen getroffen, die alle geglaubt haben, die Dreißig auf keinen Fall zu überleben. Ich bin nicht gestorben, ich habe mich nicht umgebracht, ich lebe immer noch. Und das Komische ist, dass ich mir mich als ältere Frau immer noch nicht vorstellen kann.

Es kommt vor, dass ich zum Einkauf oder auch nur so durch die Straßen gehe und mich plötzlich frage, wen oder was die Leute eigentlich sehen, wenn sie mich sehen. Sie sehen eine ältere Frau, sage ich mir dann und warte, bis ich eine Frau treffe, von der ich denke, dass sie eine ältere Frau ist, und finde den Gedanken, die anderen sähen in mir, was ich in dieser älteren Frau sehe, einfach absurd.

Oder jemand erzählt mir etwas von einer Bekannten und erwähnt dabei, sie sei achtundfünfzig, dann kann passieren, dass ich denke, oh Gott, so alt schon, und eine Frau vor Augen habe, die mit mir nichts, absolut nichts gemein hat. Gegen Gefühle dieser Art haben sich die Menschen den Spruch erfunden: Man ist so alt, wie man sich fühlt, was natürlich nicht stimmt, weil man so alt ist, wie man ist, und eben nicht, wie man sich fühlt. Ich kann mich nicht erinnern, einen Menschen getroffen zu haben, der sich so alt fühlte, wie er war. Höchstens ein paar Stunden lang, wenn man krank ist oder sehr erschöpft. Und dann sagt man es auch: Heute fühle ich mich wirklich so alt, wie ich bin.

Vielleicht ist es sogar umgekehrt und das Lebensgefühl richtet sich am Alter aus. Ich vermeide bestimmte Verhaltensweisen, weil ich so alt bin und nicht, weil mir nicht mehr danach zumute wäre. Ich trage schon lange keine kurzen Röcke mehr, weil ich weiß, dass ich achtundfünfzig bin, und nicht, weil mir plötzlich dicke Beine gewachsen wären. Und ich zögere, langfristig in die Zukunft zu planen, weil die Zeit bis zum Tod schon absehbar ist, und nicht, weil mir nichts mehr einfiele. Und wer zögert, langfristig in die Zukunft zu planen, benimmt sich wie ein alter Mensch, wie meine Tante Marta, die sich zehn Jahre lang weigerte, ihre abgewetzten Sessel zu erneuern, weil es sich, wie sie sagte, nicht mehr lohnte. Am Ende hat sie doch welche gekauft und dann starb sie.

Meine Freundin L., eine Kassandra des Alters, von der ich auch das schöne Wort »Mundbodenschwäche« kenne, sagt, für schöne Frauen sei das Altern am schwersten, was stimmt, aber eigentlich unverständlich ist. Aus einer schönen jungen Frau könnte ja eine schöne ältere und dann eine schöne alte Frau werden. Aber das, glaube ich, gilt eher für Männer, auch wenn Uschi Glas und Iris Berben sich tapfer zu den Fünfzig bekennen, was vor allem Bewunderung auslöst, weil sie nicht aussehen wie fünfzig und somit auch nicht beweisen, dass eine Frau mit fünfzig schön sein kann, sondern dass sie aussehen kann wie fünfunddreißig. Fünfzigjährige Männer, die aussehen wie fünfunddreißig, sind uns eher verdächtig. Ein Mann erscheint uns schön, wenn er so oder so männlich aussieht, also intelligent, kräftig, entschlossen, bedacht, mutig, sinnenfreudig, ernst; alle diese Eigenschaften können die

Attraktivität eines Mannes bis an die Grenze der Grei-
senhaftigkeit ausformen, die Attraktivität einer Frau
würden sie vermutlich nur verderben, weil die Attraktivität der Frau – jedenfalls der immer noch landläu-
fige Begriff davon – in ihrer Zartheit, Mädchenhaftig-
keit und Lieblichkeit liegt, Eigenschaften, die jenseits
der Jugend nicht erworben, sondern nur verloren
werden können.

Eine andere Freundin von mir behauptet, sie erlebe
das Alter als eine ganz neue Freiheit. Unbehelligt von
Trieben, Ehrgeiz und Erfolgsdruck, könne Sie sich
jetzt an Dingen erfreuen, die ihr früher nichts bedeutet hätten; ein sonniger Herbsttag zum Beispiel oder
ein blühender Eibisch könnten nun Glücksgefühle in
ihr auslösen. Allerdings ist diese Freundin besonders
willensstark, wodurch das tägliche, unabwendbare Äl-
terwerden eine noch grausamere Demütigung bereiten muss als anderen Menschen. Es ist also möglich,
dass sie, weil sie in dieser Sache auf keinen Fall recht
behalten kann, beschlossen hat, die Niederlage als
Gewinn zu verbuchen. Das geht natürlich auch.

Ich hingegen würde, wäre die einzige Alternative
zum Alter nicht der frühe Tod, auf das Alter lieber
verzichten. Einmal bis fünfundvierzig und ab dann
pendeln zwischen Mitte dreißig, früher ist nicht nö-
tig, und Mitte vierzig, bis die Jahre abgelaufen sind;
so hätte ich die mir zustehende Zeit gern in Anspruch
genommen.

Altwerden kann man nicht lernen. Es passiert, ob wir es ertragen oder nicht. Als ich fünfzig geworden bin, habe ich dabei nichts über Sechzigwerden gelernt. Rückblickend lernen wir alle das Gleiche: die Zeit vergeht so schnell. Manchmal, wenn ich diesen herzlosen Hochmut in den Augen einer Fünfunddreißigjährigen finde, denke ich das natürlich, wenn du wüsstest, denke ich dann und eben das, was ältere Frauen und Männer dann schon immer gedacht haben: Ach, wenn du wüsstest...

Am peinlichsten ist mir mein Alter vor meiner Mutter. Sie tut mir leid, weil sie nun so ein altes Kind haben muss. Aber irgendwo wohnt der Natur doch immer auch der Ausgleich inne. Meine Mutter sieht nicht mehr gut, was für sie natürlich sehr unangenehm ist, ihr hoffentlich aber den Anblick ihres alten Kindes gnädig verschönt.

~

FAZ, Dezember 1999

Zum achtzigsten Geburtstag
von Ida Fink

Wie erzählt man von einem Menschen, den man verehrt? Wenn es sich, wie in diesem Fall, um eine Schriftstellerin handelt, wäre es vielleicht das Beste, auf dem zur Verfügung stehenden Platz nichts als eine große verehrende Anzeige zu drucken: »Ida Fink ist eine wunderbare Schriftstellerin! Lesen Sie die Bücher von Ida Fink! Sie ahnen nicht, was Sie versäumen.« Dazu vielleicht, um die Menschen zu ermutigen, noch die Angabe der Titel, es sind nur drei, und die Seitenzahlen, die Bücher sind nicht dick; Ida Fink ist eine Dichterin, eine erzählende Dichterin.

Andererseits darf man es sich mit der Verehrung nicht so leicht machen. Eine Verehrung sollte nicht die Mühe scheuen, sich zu erklären.

Ehe ich Ida Fink kennenlernte, hatte ich ihr letzterschienenes Buch gelesen, den Erzählungsband *Notizen zu Lebensläufen*. Ich selbst schrieb gerade die Geschichte meiner Familie, und da mein Großvater ein konvertierter polnischer Jude war und im Vernich-

tungslager Kulmhof ermordet wurde, griff ich zu Ida
Finks Geschichten vor allem, weil ich etwas über den
Gegenstand meiner eigenen Arbeit erfahren wollte
und weniger, weil ich ein literarisches Erlebnis erwar-
tete. Aber schon nachdem ich zwei oder drei Seiten
gelesen hatte, wußte ich, daß mir eine Lektüre bevor-
stand, die mehr enthielt als die Erinnerung an deutsche Verbrechen und jüdisches Elend, obwohl alle Erzählungen Ida Finks authentisch sind. »Das will ich
so«, sagt sie.

Man muß nicht erlebt haben, was Ida Fink erlebt
hat, um zu verstehen, daß sie die Toten nicht zum Ma-
terial ihrer Literatur degradieren will, daß sie ihnen
statt dessen ein Stück ihrer Biographie zurückgibt,
indem sie die Übergänge aus der Normalität in das
Unbegreifliche beschreibt, die vielen verschiedenen
Lebensentwürfe, die alle hinter der gleichen Schick-
salswand wie im Nebel verschwinden. Von dort, hinter dem Nebel, blickt Ida Fink zurück auf jene Zeit, in
der die Biographien noch nicht zu einem kollektiven
Schicksal, sondern zu Einzelnen gehörten, zu Eugenia,
der zarten Verwandten mit dem mißgestalteten kleinen Finger, zu Zygmunt, dem virtuosen, unbeseel-
ten Pianisten, oder Julia, die mit ihrem sandfarbenen
Kleid und dem schwarzen Strohhut fremde Eleganz
in ein ostpolnisches Städtchen bringt. Je alltäglicher
die Details sind, die Ida Fink hinter dem aufreißen-
den Nebel findet und in die skizzenhafte Erinnerung

einfügt, umso wahnsinniger erscheint das festgelegte und unausweichliche Ende der Lebensläufe, über die sie berichtet. Auch Ida Finks Geschichten sind nicht imstande, den Wahnsinn verständlicher zu machen, aber sie legen ihn bloß. Ida Fink erzählt mit einer klaren hellen Stimme. Als wolle sie sich vergewissern, daß diese Menschen alle wirklich einmal gelebt haben, ruft sie ihre Namen auf, erinnert sich an ihre Gestalt, Träume und Eigenarten, skizziert ihre Wege bis dahin, wo das Verhängnis über sie kommt, und ohne die Stimme zu senken oder zu heben, erzählt sie über diese Grenze hinweg, durch den Nebel hindurch. Sie überträgt den Ton der Normalität auf das Unfaßbare und läßt es uns gerade so als Wirklichkeit begreifen.

»Wir gingen die Straße entlang, und plötzlich rollte ein Auto, eine offene, schwarze Limousine an uns vorbei, die Limousine des Landrats. Eine Garbe heller, aufgelöster Haare, die über das Gesicht von Slawka wehen, der Tochter des ukrainischen Pastors, ihr blasses Gesicht mit den feinen Zügen, ein verächtliches, hochmütiges Lächeln auf den schmalen Lippen.

›Dawid war in sie verliebt‹, sagte Julia plötzlich.

Damals lebte Dawid schon nicht mehr. Wir wußten nicht, daß er in Slawka verliebt gewesen war. […]

Dawid kam zwei Monate nach dem Einmarsch der Deutschen um, er wurde in einem Wald in der Nähe erschossen. Nach dem Krieg ging Julia in den Wald und fand nach den Angaben der Bauern den Ort der

Hinrichtung. Es war eine kleine Lichtung, fast am Waldrand, umgeben von Eichen und Haselsträuchern. Saftiges grünes Gras bedeckte den Boden der Lichtung. Julia erzählte, die Bauern hätten sie darauf aufmerksam gemacht, wie außergewöhnlich schön das Gras an dieser Stelle war.

Einige Monate später deportierten sie Tulek.

[...]

Tulek hat zwei Karten hinterlassen, die er aus dem Janowski-Lager hinausgeschmuggelt hat. Auf der ersten bittet er um einen warmen Pullover, auf der zweiten um Gift. Diese Karten fanden wir nach Julias Tod in einem geschnitzten Zakopaner Kästchen, das mit einem kleinen Schlüssel abgeschlossen war.«

Ich versuchte mir ein Bild zu machen von der Frau, die das schreiben konnte, die das *so* schreiben konnte. Ich wußte über Ida Fink damals nur, was im Klappentext über sie stand: 1921 in Zbaraż, Polen geboren, während der deutschen Besetzung im Ghetto, später Flucht mit falschen Papieren, seit 1957 in Israel.

Während der Leipziger Buchmesse 1998 lernte ich sie kennen. Im »Parkhotel« stand sie in einem dunkelblauen Mantel, die Reisetasche neben sich, zwischen der Fensterfront und der Rezeption; blond, mit einer großen Brille, durch die sie mich erwartungsvoll, geradezu einladend ansah. So guckt sie meistens, was ich damals natürlich noch nicht wußte. Wir stellten fest, daß wir beide mit dem selben Zug nach Berlin fahren wollten. Es gibt Begegnungen im Leben, nicht oft, aber es gibt sie, von denen man später glaubt, sie seien einem bestimmt gewesen. So war das mit Ida und mir.

Die Zugfahrt dauerte zweieinhalb Stunden und nachträglich erscheint es mir, als hätten wir über alles gesprochen, was uns, zumindest an diesem Tag, wichtig war; über Israel, Deutschland, Polen, über unsere Herkunft und Familien, wir fanden heraus, daß wir eine gemeinsame Freundin haben, wir sprachen über Bücher, eigene und fremde, übers Schreiben sprachen wir auch und Ida Fink klagte, sie schreibe so langsam. Ich beteuerte, auch sehr langsam zu schreiben, und sie bestand darauf, noch langsamer zu sein.

Ich weiß nicht mehr, was ich während unserer ersten Begegnung im Zug und am darauffolgenden Tag in Berlin über sie erfahren habe und was später oder aus ihren Büchern. Ida Finks Biographie und ihr literarisches Werk, vor allem der Roman *Die Reise,* sind leicht entzifferbar miteinander verbunden. Sie war achtzehn Jahre alt, als die Deutschen in Polen einmarschierten, und einundzwanzig, als die planmäßige Vernichtung der Juden begann. Ida und ihre jüngere Schwester meldeten sich mit falschen Papieren als polnische Mädchen freiwillig zur Arbeit in Deutschland. Immer wieder als Jüdinnen enttarnt, immer wieder auf der Flucht, durchquerten sie Deutschland unter wechselnden Namen und Identitäten und überlebten.

Hätte Ida Fink nur über das eigene Schicksal geschrieben, wäre ihr Buch eine Facette in der Rekonstruktion jener Schrecknisse, vor denen wir hinter dem Distanz schaffenden Wort Holocaust in Deckung gegangen sind. Aber sie erzählt mehr, sie beschreibt einen menschlichen Kosmos, wie er nur unter extremen Bedingungen zu erfahren ist: Die hundert polnischen und ukrainischen Bauernmädchen, rekrutiert zur Zwangsarbeit im Ruhrgebiet, spüren mit höllischer Lust die sieben als Polinnen getarnten Jüdinnen in ihrer Gruppe auf. Sie singen ihnen den Tango vom »Letzten Sonntag«. »›Hört her‹, riefen sie, ›wir singen das für euch, es ist euer letzter Sonntag!‹ [...] Der Saal wiegte sich, die schweißnassen Mädchengesichter verschwammen zu einem Fleck, zu einem offenen Mund: Der letzte Sonntag! Der Gesang ging in Geschrei über, sie würgten an den Worten, sie verschluckten sich am Lachen, sie stampften mit den Füßen. Das waren nicht die Mädchen, die hier zusammen mit uns eingetroffen waren, das waren Furien.«

Als die Jüdinnen wirklich abtransportiert werden sollen, erschrecken sie und wollen sie retten. »Flieht, Mädchen, es ist besser, wenn ihr flieht. Flieht, wir sagen nichts. [...]

Nein, wir fliehen nicht. Wir bestreiten es, wir fürchten uns, die Wahrheit zu sagen, obwohl die Mädchen in diesem Augenblick ehrlich bewegt sind. Als wären sie plötzlich erschrocken und zur Vernunft ge kommen. Zum ersten Mal sind sie, wie sie hätten sein müssen.«

Oder der Sonntag in Heidelberg, eine Fluchtstation der Schwestern. Wie ein Hort der europäischen Zivilisation liegt die Stadt am frühen Morgen, nur von den ersten Kirchgängern belebt, vor ihnen: die Universität, das Schloß, eingebettet in eine liebliche Landschaft. Die Erinnerung an bürgerliche Geborgenheit, an eine Zeit, in der man in schöne Städte fuhr, nur um sie zu besichtigen, verführt die Mädchen, einen Tag Urlaub zu nehmen von ihrem Schicksal. Wie Geister wandeln sie unter den sonntäglich geschmückten Frauen mit onduliertem Haar, den Müttern mit ihren Kindern. Eine Frau lächelt sie an, also sehen wir anständig aus, schlußfolgern die Mädchen. Bis die jüngere Schwester, krank und vom Fieber halb verdurstet, sich an den Fluß kniet und aus ihm trinkt wie ein Tier. Der mühsam beschworene Traum zerreißt, die Mädchen fliehen. Das liest sich wie eine böse Szene aus dem Märchen. Plötzlich scheint es, als seien nur die Mädchen lebendig, die schöne alte Stadt Heidelberg aber eine Geisterstadt mit verwunschenen, ahnungslosen Bewohnern, die nicht wissen, daß um sie herum Menschen gejagt und ermordet werden.

Aus einer Zeit des Mordens und Sterbens erzählt Ida Fink vom Leben. Der Tod selbst wird in ihren Geschichten fast immer nur genannt, nicht beschrieben. Er ist nicht zu erklären, er bleibt ohne Sinn. Sinn hatten nur die Leben, die er vernichtet hat. Ida Finks entschiedenes, dem Tod sich widersetzendes Interesse am Leben ist es, was Poesie ermöglicht, wo man nur Entsetzen und Trauer zu erwarten wagt. Aus keiner Zeile ihres Werkes spricht der Haß. Sie hat mit dem Schreiben lange gewartet. Dabei hatte sie früh, gleich nach dem Krieg, schon während der Wochen im UNO-Flüchtlingslager in Deutschland, zum ersten Mal versucht aufzuschreiben, was sie erlebt und gesehen hatte. Stundenlang hätte sie in einem leeren Zimmer vor leerem weißen Papier gesessen. »Und, was glaubst du, hatte ich nach vielen Stunden geschrieben? Keine Zeile.«

Wir saßen auf dem kleinen Balkon ihrer winzigen Wohnung in Holon bei Tel Aviv. 1957 sind Ida, ihr Mann Bruno und ihre fünfjährige Tochter Miriam hier angekommen. 1948 hatten Ida und Bruno Fink geheiratet und sich seitdem um die Ausreise nach Israel bemüht, wo ein Teil von Idas Familie schon seit 1934 lebte. Als sie hier einzogen, wohnten viele Polen in diesem Viertel. Die meisten sind längst weggezogen in größere Wohnungen oder nach Tel Aviv. Sie hätten damals auch eine größere Wohnung suchen wollen, sagte Ida. Aber dann wurde Bronek krank und starb, und Miri studierte in Amerika. Für sie allein sei Platz genug. Außerdem wohne Hella ein paar Straßen weiter. Hella ist Idas Schwester, die in Heidelberg aus dem Fluß getrunken hat und eigentlich Elsa heißt.

Hella war ihr letzter Name auf der Flucht. Er hat ihr Glück gebracht und darum hat Ida ihn, im gelegentlichen Wechsel mit Elsa, beibehalten.

Ida sagte, sie hätte während der Flucht befürchtet, unter den verschiedenen Namen und angenommenen Identitäten die richtige Ida eines Tages nicht wiederzufinden. »Aber dann, der Krieg war zwei Tage vorbei, und ich war wieder die alte.« Eine falsche Identität sei so etwas wie ein aktives Versteck, man versteckt sich in einer erfundenen Person wie in einem Verschlag, und man kann sie auch wieder verlassen wie einen Verschlag. Aber das hätte sie vorher nicht wissen können.

Aus dem kleinen Park zwischen den Wohnblocks klangen russische Satzfetzen zu uns auf den Balkon. Junge Russen dressierten ihre Hunde. Wo früher die polnischen Einwanderer wohnten, sind jetzt die Russen eingezogen. Ob sie Polen auch verlassen hätten, wenn es nicht kommunistisch geworden wäre, fragte ich.

Sie weiß es nicht, vielleicht. Vor dem Krieg hätte ihre Familie nie daran gedacht, aber nach dem Krieg, vielleicht doch.

Nach dem Krieg wollte Ida Fink ihr Musikstudium fortsetzen. Sie hatte sich schon am Konservatorium eingeschrieben, als sie erfuhr, daß sie Tuberkulose hatte, von der sie nur sehr langsam genas. Es begann die Zeit, in der sie schrieb, ohne zu schreiben, sagte sie. Damals hätten sie nur darüber sprechen können, wer überlebt hat, wer umgekommen ist, wie er umgekommen ist, wer sich auf wundersame Weise doch retten konnte. Sie hätte eine große Scheu empfunden, das mit einem Wort zu berühren, und unbewußt wohl auf eine klärende Distanz gewartet. Bronek, ihr Mann, der fünf Konzentrationslager überlebt und seine erste Frau und seinen Sohn verloren hat, hätte sie ermutigt. »Und eines Tages, plötzlich, habe ich geschrieben.«

Einige Erzählungen wurden von literarischen Zeitschriften in Israel veröffentlicht, aber es fand sich kein Verlag, der sie drucken wollte. Über den Holocaust könne man nicht schreiben wie sie, sondern nur mit voller Stimme, hätte ihr damals jemand gesagt. 1974 erschien das erste Bändchen mit Erzählungen in hebräischer Übersetzung, die polnische Originalausgabe folgte erst 1987 in einem Londoner Exilverlag. Inzwischen sind ihre Bücher in viele Sprachen übersetzt, prämiert und verfilmt.

Im kleinen Park unten war es still geworden. Durch die Dunkelheit schien Idas helles Gesicht. Erst Monate später werde ich sie am Telefon fragen, was mich schon an diesem Abend bewegt hat: wie es möglich ist, daß ihr Erleben und Wissen keinen Haß in ihr hinterlassen hat. »Ich habe darüber schon einmal nachgedacht«, sagte Ida, »weil ein Engländer mich das Gleiche gefragt hat. Ich weiß es nicht genau, aber bestimmt hängt es mit der Erziehung zusammen.«

Für mich zeuge es von großer Seelenstärke und Weisheit, sagte ich. Und Ida sagte: »Ja, glaubst du?«

Nachdem ich zum ersten Mal ein Buch von Ida Fink gelesen hatte, habe ich versucht, mir die Frau vorzustellen, die das *so* schreiben konnte. Jetzt, nachdem ich sie kennengelernt habe, kommt es mir vor, als hätte ich nur länger und genauer lesen müssen und die Person wäre mir ganz von selbst entstanden, denn Ida Fink und ihre Literatur sind ein ästhetisches und ethisches Ganzes. Das mag für die Bewertung ihres Werks ohne Belang sein, obwohl ich glaube, daß es die Voraussetzung seines Entstehens war.

Heute wird Ida Fink achtzig Jahre alt.

~

Rede zum Lessing-Preis 2011
des Freistaates Sachsen

Im Jahr 1729 wurden in Deutschland zwei Knaben geboren – Gotthold in Kamenz, Moses in Dessau –, die fünfundzwanzig Jahre später in Berlin eine Freundschaft begründen sollten, die einzigartig war in ihrem freiheitlichen Geist und ihrer Unvoreingenommenheit, die eine Demonstration dessen war, was das Lebenswerk beider Männer später prägte: das Ringen um Aufklärung und Toleranz.

Beide kamen aus streng religiösem, wenig bemitteltem Elternhaus, Lessing aus dem lutherisch-orthodox geprägten Pfarrhaus in Kamenz, Moses aus dem Dessauer Ghetto, wo sein Vater als Toraschreiber die Familie mühsam ernährte.

Als sich Lessing und Moses Mendelssohn 1754 in Berlin trafen, hatten sich beide mit bestaunenswertem Furor und in einem Alter, das wir fast noch der Kindheit zurechnen, ihren Weg aus der Enge ihrer Herkunft und durch das Dickicht gesellschaftlicher Beschränkungen geschlagen. Als Moses' Lehrer, der

Dessauer Landesrabbiner David Fränkel, nach Berlin berufen wurde, sah sein stotternder vierzehnjähriger Schüler mit der schmächtigen Gestalt und dem gekrümmten Rücken für sich keine andere Möglichkeit, als dem Licht des Wissens, das ihm in die Dessauer Judengasse gefallen war, in einem dreitägigen Fußmarsch nach Berlin zu folgen. Fränkel hatte ihn mit den Lehren des Maimonides von Cordoba bekannt gemacht, einem mittelalterlichen jüdischen Theologen und Philosophen, der durch eine allegorische Auslegung der Tora die biblische Offenbarung mit den Erkenntnissen der Naturwissenschaften und der Philosophie in Einklang bringen wollte; für Moses der erste Ausweg aus dem erstarrten Gebäude der jüdischen Orthodoxie.

Und der Pfarrerssohn Lessing, dessen Bildungsweg hingegen dank eines Stipendiums über die Fürstenschule St. Afra in Meißen führte, war nach halbherzigen Studien der Theologie und Medizin dem familiär vorgegebenen Lebensplan in die anrüchige Welt des Theaters, zur Schauspieltruppe der Caroline Neuber entflohen, die seinem freiheitlichen Temperament und seiner Neugier auf die Welt mehr zu bieten hatte als die reine akademische Gelehrsamkeit.

Was immer es war, das Lessing befähigte, dem verwachsenen kleinen Juden Moses ganz und gar vorurteilsfrei gegenüberzutreten, als der jüdische Arzt Aaron Gumpertz die beiden miteinander bekannt machte – ob die gemeinsame Erfahrung bedrückender religiöser Enge und erlittener Armut, ob der gleiche Bildungshunger – auf jeden Fall war Lessing in Moses Mendelssohns Leben der erste Deutsche, der ihm von Anfang an ohne jeden Vorbehalt begegnet ist.

Schon 1749, also fünf Jahre bevor er Moses traf, hatte Lessing das Stück »Die Juden« geschrieben, in dem er die Welt auf den Kopf stellte und einer hässlichen christlichen Umwelt einen idealen Juden präsentierte. Aus Geldmangel wohnte Lessing im Berliner Judenviertel, wo er auch den gebildeten, reichen und weltläufigen Aaron Gumpertz kennengelernt hatte, und man darf annehmen, dass es außer seiner tiefen Ablehnung christlich-religiöser Anmaßung diese Erfahrung war, die Aufklärung und Judenemanzipation für ihn dauerhaft miteinander verband.

Der Ruf Friedrichs des Großen als aufgeklärter Monarch und Freund Voltaires verschleiert im historischen Rückblick oft die elenden und entwürdigenden Bedingungen, unter denen die Juden in Berlin lebten. Unterteilt in sechs Klassen, von denen nur die wenigen Schutzjuden mit nennenswerten staatsbürgerlichen Rechten bedacht waren, lebten die meisten gesellschaftlich verachtet und isoliert, ohne Sicherheiten, ohne Freizügigkeit, viele sogar ohne das Recht zu heiraten. Vor diesem Hintergrund ist die offene Freundschaft und der leidenschaftliche geistige Austausch zweier junger Männer, die nicht nach religiöser Abstammung fragten, ein revolutionärer Akt aufgeklärter Humanität, das gelebte Beispiel dessen, was in den gebildeten Berliner Zirkeln zwar zaghaft diskutiert, aber nicht gewagt wurde. Gemeinsam mit dem Verleger Friedrich Nicolai gaben sie die Zeitschrift *Briefe, die neueste Literatur betreffend* heraus, entwickelten eine Theorie zum bürgerlichen Trauerspiel und gleichzeitig eine Streitkultur, die wesentliches Merkmal dieser Freundschaft war: die Wahrheit suchen im Streit der Meinungen, die auch da ertragen werden mussten, wo sie unvereinbar blieben.

Die gedankliche Verbundenheit zwischen beiden hielt auch der räumlichen Trennung stand, als Lessing in Breslau, Hamburg, später in Wolfenbüttel lebte.

In der Figur des Nathan verewigte Lessing seinen Freund Moses Mendelssohn und die gemeinsame Vision von einem friedlichen und gleichberechtigten Zusammenleben der drei großen monotheistischen Religionen, darstellbar allerdings nur als eine märchenhafte Parabel.

Und Mendelssohn schrieb nach Lessings Tod an dessen Bruder: »Mit gerührtem Herzen danke ich der Vorsehung für die Wohltat, dass sie mich so früh, in der Blüte meiner Jugend, hat einen Mann kennen lassen, der meine Seele gebildet hat, den ich bei jeder Handlung, die ich vorhatte, bei jeder Zeile, die ich schreiben sollte, mir als Freund und Richter vorstellte, und den ich mir zu allen Zeiten noch als Freund und

Richter vorstellen werde, so oft ich einen Schritt von Wichtigkeit zu tun habe.«

Warum diese so ungewöhnliche wie fruchtbare Freundschaft in der kulturellen deutschen Erinnerung von der Dichterfreundschaft zwischen Goethe und Schiller zu allen Zeiten nicht nur überschattet, sondern verdeckt wurde, lässt sich wohl nur zum Teil mit dem fortlebenden Antisemitismus und dem moralischen Schock, der auf die Judenvernichtung im Nationalsozialismus folgte, beantworten. Wahrscheinlich entsprachen die politische Polemik und streitbare Wahrheitssuche der Berliner Freunde auch weniger dem Ideal und Harmoniebedürfnis des Bildungsbürgertums und seiner Vorstellung von der reinen Kunst.

Nach 1945 erschwerte die Last der Schuld an den Juden die Würdigung eines Moses Mendelssohn, dessen großes Werk der jüdischen Aufklärung und Emanzipation die Katastrophe ja nicht verhindert, in den Augen mancher sogar befördert hatte.

Aber spätestens jetzt, da die Themen und Konflikte der europäischen Aufklärung unversehens in unsere Gesellschaft zurückgekehrt sind und wir fast 260 Jahre nach Lessings und Mendelssohns erster Begegnung in Berlin wieder mit einer Religion konfrontiert sind, der die große Errungenschaft der Aufklärung, die Trennung von Staat und Kirche, fremd ist, wäre es an der Zeit, in der Freundschaft der beiden nach dem Gleichnis zu suchen, das uns zu der Antwort verhilft, die wir brauchen.

Nun unterscheidet sich die gegenwärtige Lage der Muslime in Deutschland sowohl juristisch als auch gesellschaftlich grundsätzlich von der Situation der Juden im 18. Jahrhundert. Sie sind gleichberechtigte Staatsbürger oder, wenn sie keine deutschen Staatsbürger sind, doch ausgestattet mit allen bürgerlichen Rechten. Sie müssen sich Bildung nicht wie Mendelssohn als Autodidakten aneignen, alle Schulen und Universitäten stehen ihnen offen, vorausgesetzt sie selbst bringen die nötige Bildungsanstrengung auf. Vergleichbar ist die Situation aber insofern, als auch heute die Idee der Aufklärung kollidiert mit den weltlichen und politischen Ansprüchen einer Religion. Während das Christentum und das Judentum nach zähen Kämpfen den säkularen Gedanken und die Gültigkeit universaler Menschenrechte in ihre Heilslehre integriert haben, hat der Islam seit dem 12. Jahrhundert jeden Versuch einer philosophischen Auseinandersetzung mit seinen religiösen Schriften verhindert.

Zur gleichen Zeit wie der Jude Maimonides lebte in Cordoba der islamische Philosoph Averroes, der wie jener für eine aufgeklärte Lesart religiöser Texte und die Trennung von Offenbarung und Philosophie plädierte. Averroes wurde verbannt, seine

Schriften verbrannt, die seitdem zwar, wie auch die Schriften des Maimonides europäische Philosophen wie Thomas von Aquin inspirierten, im islamischen Denken aber nie wieder belebt wurden. Es gab keinen Moses Mendelssohn des Islam.

Wie aber geht eine aufgeklärte säkulare Gesellschaft mit einer unaufgeklärten Religion um, deren radikaler Flügel zudem im Namen der Religion Krieg gegen die Welt führt, auch gegen die islamische, wo sie den eigenen radikalen Parolen und Machtinteressen nicht bedingungslos folgt?

Seit einiger Zeit steht die Aufklärung in der öffentlichen Debatte unter der Anklage des Fundamentalismus. Aber was sollte das heißen bei gesetzlich garantierter Religionsfreiheit? Ist vielleicht die Forderung nach Toleranz fundamentalistisch? Ist es fundamentalistisch, die Gleichheit der Geschlechter zu fordern oder zu verlangen, dass andere Religionen nicht diffamiert oder gar verfolgt werden? Verlangen wir zu viel, wenn wir von einer unaufgeklärten Religion, die in unsere Gesellschaft einzieht, erwarten, dass sie alle Gesetze, aber auch alle Werte achtet, die dieser Gesellschaft als schützenswert gelten?

Ich spreche hier nicht von den Muslimen schlechthin, schon gar nicht von allen Zuwanderern aus muslimischen Ländern. Ich spreche von den Muslimen, die offen und weniger offen die westlichen Werte diskreditieren, eben die Errungenschaften der

Aufklärung wie die Religionsfreiheit, die Meinungs- und Pressefreiheit, die individuellen Rechte eines jeden Menschen und die Verantwortung für das eigene Leben.

Als Moses Mendelssohn die Erneuerung des Judentums in Angriff nahm, hatte er nicht nur gegen den mächtigen preußischen Staat zu kämpfen, sondern auch gegen das starke orthodoxe Rabbinat, dessen Interesse auf die religiöse und soziale Abgrenzung des Judentums gerichtet war. Eine allgemeine Bildung und die Kenntnis der deutschen Sprache bargen die Gefahr der Annäherung aufbruchbereiter Juden an die deutsche Gesellschaft, was auch von jüdischer Seite nicht gewollt war.

Und hier zeigt sich wohl die deutlichste Parallele zu unserem Problem mit dem Islam und Teilen unserer muslimischen Bevölkerung. Im Verständnis des Islam gehört jeder Moslem zuerst der Umma, der weltweiten Glaubensgemeinschaft der Muslime an. Die Religionszugehörigkeit reglementiert alle anderen Beziehungen gläubiger Muslime, das Verhältnis zum Staat, zur Gesellschaft, zur Familie. Das Interesse der religiösen Führer und Funktionäre der islamischen Verbände ist also auf den Zusammenhalt der Umma gerichtet und da, wo sie in nicht-muslimischer Umgebung lebt, auf Abgrenzung von der andersgläubigen oder atheistischen Welt. Ein sichtbares Zeichen der Abgrenzung ist das Kopftuch der Mädchen und Frauen, mangelnde Sprachkenntnis verhindert den Kontakt zur deutschen Gesellschaft, und eingeforderte Privilegien, die immer nur die religiöse Gemeinschaft, nicht das Individuum betreffen, zementieren die eigene Andersartigkeit, oft gepaart mit einem extremen Nationalismus des Herkunftslandes.

Unabhängig von den Schwierigkeiten, die ein Leben in einem anderen Land mit einer fremden Kultur, der Wechsel aus zurückgebliebenen ländlichen Regionen in moderne Großstädte ohnehin mit sich bringt, sind Muslime dem Druck und der Indoktrination durch die eigene Community ausgesetzt. Wer die universalen Menschenrechte auch für Muslime, besonders für muslimische Frauen verlangt, wie Ayaan Hirsi Ali oder Necla Kelek, wer vom Islam den Verzicht auf seinen politischen Anspruch und den Rückzug auf seine Spiritualität fordert, wer also für die Aufklärung des Islam eintritt, wird von den Wächtern des Islam diffamiert, verleumdet und in den vom Islam beherrschten Ländern verfolgt, eingesperrt oder getötet.

Unterstützt werden sie dabei von den deutschen und europäischen Propagandisten der Toleranz gegenüber der Intoleranz und der Gleichwertigkeit aller Kulturen, die in der Aufklärung offenbar nichts anderes sehen als einen neuen religionsähnlichen Fundamentalismus oder eine moderne Form des

Kolonialismus. Kritik am Islam gleich Islamophobie gleich Rassismus – das ist die Formel, mit der sie die lebensnotwendige Auseinandersetzung zu ersticken versuchen. Dabei ist das koloniale Gedankengut doch eher bei den Verteidigern kultureller Reservate zu finden als bei jenen, die gleiche Rechte für alle fordern. Oder wie soll man erklären, dass muslimische Mädchen im Kindesalter und gegen ihren Willen verheiratet werden dürfen, europäische natürlich nicht? Dass muslimische Frauen von ihren Männern geschlagen werden dürfen, europäische natürlich nicht? Dass Europäer das Recht auf freie Meinungsäußerung haben, die Menschen in islamischen Ländern natürlich nicht? Das alles auch im Namen des Islam. Es gibt nicht einen vernünftigen Grund, den unaufgeklärten Islam mit seinem Herrschaftsanspruch gegenüber dem Individuum und der Gesellschaft nicht zu kritisieren, sofern Muslime von uns als gleichberechtigte Menschen angesehen werden. Nicht die als Hassprediger und heilige Krieger beschimpften Kritiker des Islam denken rassistisch, sondern jene, die der ethnischen und religiösen Herkunft mehr Bedeutung zumessen als den individuellen Menschenrechten, die, indem sie vorgeben, eine andere Kultur zu schützen, die Freiheitsrechte der in dieser Kultur gefangenen Menschen opfern.

Wir brauchen die Solidarität der Aufgeklärten. Unsere Antwort auf den Islam kann nicht die Rückbesinnung auf den christlichen Glauben sein, wie es die Kanzlerin empfohlen hat. Unsere Antwort finden wir bei den großen Aufklärern Lessing und Mendelssohn, bei Wilhelm von Humboldt und Rahel Varnhagen. Wir brauchen die Solidarität und Freundschaft aller, die für ein freiheitliches, säkulares Europa streiten, unabhängig von ihrer Herkunft und ihrem Glauben. Unser Beistand gilt denen, die um eine Freiheit kämpfen müssen, die zu den Selbstverständlichkeiten unseres Lebens gehört und die wir zu verteidigen haben.

~

Zeitunglesen
Bin ich vielleicht verrückt geworden?

Es kommt immer öfter vor, dass mich beim morgend-
lichen Zeitunglesen das Gefühl überkommt, ich lebte
in einem Irrenhaus, was so ja gar nicht mehr genannt
werden darf, also: Mich überkommt das Gefühl, ich
lebte in einem Behindertenhaus. Wahrscheinlich darf
man es so auch schon nicht mehr nennen, weil das
Wort behindert inzwischen benutzt wird wie früher
die Wörter irre und blöde: »Bist du behindert oder
was?«, sagt man jetzt, womit allein schon bewiesen
wäre, dass es überhaupt keinen Sinn hat, Wörter zu
verbieten, weil das an den Tatsachen nichts ändert.

Neulich rief mich eine Freundin aufgeregt an und
sagte: »Die Sinti und Roma haben mir meine Handtasche geklaut.« Ich konnte mich vor Lachen kaum
beruhigen, natürlich nicht, weil ihr die Handtasche
gestohlen wurde, auch nicht, weil ich Antiziganistin
wäre, sondern einfach nur, weil ich diesen Satz so absurd komisch fand. Aber als ich einige Tage später in

der Zeitung las, dass an der Leipziger und der Potsdamer Universität Männer jetzt auch Professorin, Direktorin oder Präsidentin heißen, als würde damit der Anteil der Frauen in diesen Ämtern erhöht, verging mir sogar das Lachen, und mich überkam das schon erwähnte Gefühl mit der Behindertenanstalt. Wahrscheinlich denken viele, wenn nicht die meisten Irren (ich nenne sie trotzdem so), die Welt sei verrückt und sie selbst seien normal, und vielleicht geht es mir ebenso. Vielleicht bin ich verrückt und verstehe nur nicht, dass es sich nicht um einen Sprachfrevel handelt, sondern um einen überfälligen Akt der Gerechtigkeit gegenüber den Sinti, Roma und den Frauen, obwohl klar ist, dass der Satz »Die Sinti und Roma haben mir meine Handtasche geklaut« entweder den Sinti oder den Roma Unrecht tut, denn entweder haben die Sinti die Tasche geklaut oder die Roma. Und Männer unter eine weibliche Bezeichnung zu zwingen ändert auch nichts daran, dass es immer nur die von der männlichen Bezeichnung abgeleitete ist, immer nur das angehängte »in«, was uns dieses literaturuntaugliche Binnen-I beschert hat und die genuschelten »Liebe Bürgernnnnn und Bürger«-Ansprachen aller Politiker.

Und warum konnten sich die Westdeutschen eigentlich kopfschüttelnd über die legendäre »geflügelte Jahresendfigur« amüsieren, in die DDR-Ideologen den Weihnachtsengel umgetauft hatten, wenn im

Westen jetzt ernsthaft diskutiert wird, ob man, um der Gleichheit gleichgeschlechtlicher Paare willen, Vater und Mutter nicht durch Elter 1 und Elter 2 ersetzen sollte? Und das, obwohl jeden Tag in der Zeitung steht, dass Kinder ein Recht auf Vater und Mutter haben; allerdings geht es dann fast immer um die Kinder alleinerziehender Mütter.

Solcherart Gedanken mache ich mir, wenn ich morgens die Zeitung lese und dann nicht mehr weiß, ob ich verrückt bin oder die anderen.

Als wäre das nicht genug, kann ich fast jeden Tag in der Zeitung lesen, dass ich an einer gefährlichen, zudem ansteckenden, die Gesellschaft bedrohenden Krankheit leide, womit weder Aids noch Tbc oder dergleichen gemeint ist, sondern eine Angststörung, das heißt, ich habe übermäßige Angst vor etwas, wovor Menschen ohne meine Krankheit keine, auf jeden Fall weniger Angst haben. Eine Angststörung nennt man auch Phobie. Es gibt die Spinnenphobie, Klaustrophobie, Blutphobie, Canophobie und allerlei andere Phobien. In meinem Fall, steht in der Zeitung, soll es sich um die Islamophobie handeln.

Hätte ich es nicht wenigstens hundertmal schwarz auf weiß gelesen, wüsste ich wahrscheinlich heute noch nichts von meiner Krankheit. Weder überfällt mich ein Zittern, wenn ich an einer Moschee vorbeigehe, noch tritt mir der Angstschweiß auf die Stirn, wenn ich einer Frau mit Kopftuch begegne oder in einer Buchhandlung den Koran sehe und ihn sogar in die Hand nehme. Aber darauf kommt es wohl gar nicht an. Das ist eben das Gefährliche an der Krankheit: Man hat sie, ohne das Geringste zu bemerken. Darum halten es die Zeitungen auch für ihre Pflicht, Menschen wie mich darüber aufzuklären, dass sie, ohne es zu wissen, längst von dieser sich seuchenartig verbreitenden Krankheit infiziert sind. Wer wie ich an gar keinen Gott glaubt, ist besonders gefährdet, weil mir allein die Zumutung, ständig auf eine Religion Rücksicht zu nehmen, auf die Nerven geht, was den Gläubigen vielleicht beleidigen und ihn darum veranlassen könnte, von mir noch mehr Rücksicht zu fordern, was mir dann noch mehr auf die Nerven gehen würde, so dass ich dem Fordernden in Zukunft lieber aus dem Weg ginge, was der wiederum als meine Angst vor ihm verstehen könnte, und schon gehörte ich zu den Phobikern, und wenn der Gläubige, dem ich aus dem Weg gehen möchte, ein Muslim ist, bin ich eben eine Islamophobikerin.

Seit einiger Zeit habe ich den Eindruck, unter den Christen, jedenfalls unter ihrer kirchlichen Obrigkeit, breite sich ein verhohlener Neid auf die gläubigen Muslime aus, deren hochgradige Kränkbarkeit in Glaubensdingen sich als sehr erfolgreich erwiesen hat. Es könnte ja sein, dass sich die Christen jetzt fragen, warum sie all das blasphemische Gerede, Geschreibe und Gesinge ertragen müssen, warum ihr Gott beleidigt werden darf und der andere nicht. Da nach 200 Jahren aufklärerischer Erziehung selbst den Christen Herrn Mosebachs Ruf nach wirksamen Blasphemiegesetzen offenbar zu verwegen vorkam, andererseits das Vorbild einer gehorsamen und leidenschaftlich für ihren Gott kämpfenden Glaubensgemeinschaft zu verlockend ist, versuchen sie nun, auf anderen Wegen unter den Schutzschirm für muslimische Empfindlichkeiten zu flüchten.

Schließlich hätten sie alle den gleichen Gott, ist zu hören (was ja möglich ist, aber voraussetzt, dass Allahs Prophet einige Mitteilungen seines Herrn missverstanden haben muss), und auch sie, die Christen, würden leiden unter mangelndem Respekt vor ihrem Glauben, was sie mit allen anderen Gläubigen eine und von Ungläubigen wie mir eben unterscheide. Ich kann mir sogar vorstellen, dass auch einige Menschen in Regierungsverantwortung manchmal bedauern, ständig mittels demoskopischer Umfragen herausfinden zu müssen, was ihre potentiellen Wähler gerade von ihnen wollen, statt ihnen, wie zum Beispiel Recep Tayyip Erdoğan, im Namen Gottes klipp und klar mitzuteilen, was sie zu wollen haben.

So jedenfalls versuche ich mir zu erklären, warum mich Zeitungen und Rundfunksender so auffallend oft mit religiösen Belehrungen traktieren, wobei ich mich dann allerdings frage, ob die Frömmigkeit unter den Journalisten und Schriftstellern in den letzten

Jahren so zugenommen hat oder ob ihr gewachsenes Interesse an der Religion vielleicht andere Gründe hat. Der britische Literaturwissenschaftler John Carey schreibt in seinem Buch *Hass auf die Massen,* dass ein großer Teil der englischen Intellektuellen, unter ihnen Virginia Woolf, die Einführung der allgemeinen Schulpflicht ablehnten, weil sie den Einfluss der Unterschicht auf das Geistesleben und die Kunst fürchteten. Nach Careys These zog sich die Kunst, als die Unterschicht des Lesens und Schreibens kundig war und die ersten zaghaften und manchmal ungeschickten Schritte in die bis dahin verschlossene Geisteswelt der Oberschicht wagte, ins Unverständliche zurück. Wenn man bedenkt, dass inzwischen jeder Dussel via Internet seine Meinung in die Welt schreiben darf, könnte es ja sein, dass die neuerliche Hinwendung zum Religiösen unter einem Teil der Intellektuellen der Versuch ist, die verlorene Distanz wiederzugewinnen. Während das Volk scharenweise aus der Kirche austritt, entdecken sie, sozusagen als Alleinstellungsmerkmal, den Sinn des Glaubens wieder. Sollen die anderen die zahllosen Ratgeber zum Glück lesen, sie lesen die Bibel. Wer sich nicht nach Gott streckt, kann selbst nicht groß werden, diesen Satz habe ich so oder ähnlich gelesen oder gehört. Diesem sich nicht nach Gott streckenden Menschen, somit auch mir, fehle die Verbindung zur Transzendenz. Ich bin also nicht nur verrückt und krank, sondern leide auch noch an

Transzendenzmangel, was wohl bedeuten soll, dass ich zu einer religionsfernen Unterschicht gehöre, während sich eine gläubige Oberschicht in die transzendente Unverständlichkeit zurückgezogen hat.

Ich habe schon überlegt, ob ich die Zeitung nicht ganz aufgeben und stattdessen lieber Bücher über die Blattschneiderameise, den Hirschkäfer oder den Gärtnervogel lesen sollte, um mich vom Unbegreiflichen unser aller, also auch des Gärtnervogels, Hirschkäfers und der Blattschneiderameise, Daseins durchschauern zu lassen, ohne an Gott oder etwas Ähnliches glauben zu müssen.

Außer den Gottgläubigen tummeln sich in der Zeitung nämlich noch allerlei andere Sektierer, die ihren Glauben zwar Wissen nennen und ihren Göttern auch Tarnnamen gegeben haben, aber ebenso wenig an ihnen rütteln lassen wie der Papst an Marias Jungfräulichkeit. Es scheint, als fänden sich viele Menschen, denen es nicht mehr gelingt, an diesen einzigen Gott zu glauben, im Leben nicht zurecht, wenn sie nicht an etwas Gottähnliches glauben können, oder wenigstens an eine Art Teufel, der die Gentechnik, den Klimawandel, für manche sogar das Internet, das Rauchen und das Fleischessen und überhaupt die ganze Ungleichheit über die Menschen gebracht hat. Ihre Heilige Schrift besteht aus Statistiken, und Statistiken kann man nun glauben oder nicht, zumal sie nicht selten nach oben oder unten korrigiert werden.

Aber wer wie ich, ehe er in diesen wichtigen Angelegenheiten ein Glaubensbekenntnis ablegt, darüber nachdenken oder sogar darüber diskutieren will, gerät in Verdacht, ein Leugner zu sein, und ein Leugner ist genauso schlimm wie ein Phobiker. Ich bin also verrückt, krank, leide an Transzendenzmangel und gehöre gelegentlich auch zu den Leugnern. Außerdem habe ich einen Hund, auch darüber steht viel Schreckliches in der Zeitung. Ich frage mich, warum sich die Zeitungen eigentlich wundern, dass immer weniger Leute sie lesen wollen.

~

19. 8. 2013

Unser galliges Gelächter

Es gab nicht viel, was ich vermißt habe, nachdem die DDR im Orkus der Geschichte versunken war. Und was ich hätte vermissen können, den Bautzener Senf zu Beispiel, gibt es ja heute noch. Nur eins schien mir für immer verloren zu sein, weil es einem an diesen Ort und diese Zeit gebundenen, unentrinnbaren und demütigenden Gefühl der Ohnmacht entsprungen war: unser galliges Gelächter.

Wenn Menschen aus dem Westen mir erzählen, was sie in der DDR erlebt haben – meistens sind es Geschichten vom Grenzübergang, wo sie ein Ohrläppchen herzeigen mußten, oder von Gaststättenbesuchen, wo sie schlecht behandelt wurden und über das Wort Sättigungsbeilage gelacht haben – wenn sie mir also diese Geschichten erzählen, frage ich: Und waren Sie auch in Wohnungen? Denn wenn sie nicht in Wohnungen waren, wissen sie nichts. In den Wohnungen saßen wir am Abend und bis in die Nacht, tranken schlechten Wein und lachten auf diese besondere bittere Art. Wir hatten viel Zeit, waren selten verreist, und weil viele kein Telefon hatten, klingelten sie abends an den Türen ihrer Freunde und waren einfach da. Und dann erzählte man, was man erlebt hatte auf dem Wohnungsamt, mit der Polizei, im Betrieb oder Institut, mit einem Parteisekretär, dem Chefredakteur, den Handwerkern, den Taxifahrern, beim Schuhekaufen für die Kinder, und fast alle diese Geschichten waren so absurd, daß man darüber nur verzweifeln, vor Wut toben oder darüber lachen konnte, wütend und verzweifelt lachen. Dieses Gelächter war eine Form des Widerstands, es einte uns und zog eine Wand zum Rest der kleinen, für uns bestimmten Welt. Dann öffnete sich die Welt, und damit verstummte auch dieses Gelächter. Jeder, der sprechen wollte, konnte nun sprechen, wer schreiben wollte, konnte schreiben, und wer für oder gegen etwas kämpfen wollte, konnte das öffentlich und ungefährdet tun. Die Erinnerung an unser galliges Gelächter habe ich bewahrt wie die Erinnerung an alles, das schön war in dieser Zeit: die Jugend, Liebe, Freundschaft.

Aber seit einigen Jahren höre ich es wieder, ein böses, hilfloses Lachen, von mir und von anderen, von Ostdeutschen und von Westdeutschen auch. Inzwischen haben wir alle Telefone, sogar mobile, wir haben weniger Zeit und sind oft verreist, wir klingeln nicht einfach bei Freunden, sondern verabreden uns, wir schicken uns Artikel per e-mail und wenn wir sie gelesen haben, telefonieren wir, fragen uns gegenseitig, ob die alle irre sind oder wir selbst, und weil wir uns nicht erklären können, warum das alles passiert, warum uns eine genderisierte Sprachverstümmelung zugemutet wird, warum Hunderttausende Windräder gebaut werden sollen, die den Energiebedarf nicht werden sichern können, gleichzeitig aber auf Elektroautos und -roller gesetzt wird, warum hunderttausende Einwanderer ins Land gelassen werden, von denen man weiß, daß sie nicht bleiben dürften, man sie aber auch nicht wieder außer Landes bringen kann, warum uns nun täglich mit dem Weltuntergang gedroht wird, obwohl niemand wissen kann, ob er stattfinden wird, weil wir uns das alles trotz ehrlichen Bemühens einfach nicht erklären können, verfallen wir nach einigem Stöhnen und ratlosen Sätzen in dieses besondere, gallige Gelächter.

Ich habe nicht für möglich gehalten, daß mir das noch einmal passiert. Als ich 1988 aus Ost-Berlin nach Hamburg gezogen bin und bei Zarrentin zum ersten Mal über die Grenze fuhr und das Schild mit dem Bundesadler sah, breitete sich in mir das Wort Freiheit zu einem Glücksgefühl aus. Und so war es auch. Ich war frei; frei zu schreiben, zu sprechen, zu leben. Und als ich binnen kürzester Zeit mit den Hamburger Grünen und Feministinnen zusammenprallte, war das eine lehrreiche Erfahrung, mehr nicht. Ich ahnte nur, daß das keine wunderbare Freundschaft werden könnte. Aber sie waren nicht das Land, nicht die Zeitungen, nicht der Rundfunk, auch wenn sie da gewiß saßen, aber sie beherrschten sie nicht.

Mit dem Verschwinden der DDR war ich von ihr auch literarisch befreit und schrieb einen Roman über die Liebe, danach die Geschichte meiner Familie; ich holte nach, wozu mir die Umstände meines Lebens zuvor keinen Atem gelassen hatten. Meine politischen Interventionen und Zwischenrufe, vor allem zu den Asymmetrien der deutschen Vereinigung, schrieb ich für Zeitungen.

Als ich 2010 begann, mich für den Islam zu interessieren, ging es mir weniger um den Islam als um den Umgang mit seinen Kritikern, in dem ich ein Muster wiederzuerkennen glaubte. Islamkritiker wie Necla Kelek wurden plötzlich als »Heilige Krieger« und »Haßprediger« beschimpft, als stünde es ihnen nicht zu, sich mit ihrer eigenen Herkunft und Kultur auseinanderzusetzen. Sie wurden ihrer eigenen Konflikte beraubt, die nun von der westdeutschen Linken als deren eigene Angelegenheit übernommen wurden, so wie auch die Ostdeutschen von ihren Konflikten enteignet wurden, indem jedes Problem, das sie miteinander hatten, in das Konfliktpotential westdeutscher Parteien integriert wurde und fortan als Ost-West-Konflikt galt, als wären die Ostdeutschen vierzig Jahre lang eine homogene Masse gewesen. In beiden Fällen ging es darum, die Deutungshoheit in einem Konflikt, an dem man nur mittelbar beteiligt war, an sich zu reißen und an den eigenen Interessen auszurichten.

In den Jahren 2014, als die Pegida zum ersten Mal auf die Dresdener Straßen ging, und 2015, als eine Million Flüchtlinge und Einwanderer unkontrolliert die deutschen Grenzen passierten, verwandelten sich diese Konfliktfelder in Kampfzonen, in denen die Begriffe links und rechts endgültig bedeutungslos wurden. Wer die bis dahin selbstverständlichen Forderungen der Linken wie die Aufklärung, den säkularen Staat und die Frauenrechte verteidigte, fand sich plötzlich auf dem rechten Kampffeld wieder; und meine linken, grünen Feministinnen aus Hamburg verteidigten vermutlich leidenschaftlich das islamische Kopftuch und forderten Verständnis auch für die hartgesottensten muslimischen Frauenverächter, was für mich bedeutet: sie waren zu Reaktionärinnen mutiert, also rechts.

Der Osten avancierte in den Jahren danach von der Mitleids- und Witzfigur der Medien zu ihrer Haßfigur. Die dummen Ostdeutschen, die eben keine Fremden kannten, obwohl sie seit einem Vierteljahrhundert selbst durch die Welt reisten, auch in Dresden ARD und ZDF sehen konnten und die seit 1990 Hunderttausende Spätaussiedler aus Rußland und Kasachstan aufgenommen hatten. Sie hatten erlebt, wie ihre gut ausgebildeten Kinder in den Westen abwanderten, weil sie im Osten keine Arbeit fanden, und ließen sich nun erzählen, daß schlecht ausgebildete, fremde junge Männer als Arbeitskräfte gebraucht würden. Seit 1990 sind fünf Millionen Ostdeutsche in den Westen gezogen. Die Jugend, die dem Osten fehlt, lebt im Westen. Auch danach hätte man fragen können, ehe man ganz Sachsen zum Nazi-Sumpf erklärt und, wie eine Journalistin kürzlich stolz verkündete, keinen sächsischen Apfelsaft mehr kauft. Man hätte fragen können, was die Menschen plötzlich auf die Straße treibt, bevor man sie als »besorgte Bürger« lächerlich macht, als »Abgehängte« diffamiert und über den Umweg rechtsradikal und rechtsextrem als Nazis über eine Grenze schiebt, die sie vielleicht nie hatten übertreten wollen. Aber Rechte fragt man nicht, mit Rechten redet man nicht, Bücher von Rechten liest man nicht, Rechten darf man ihre Stände auf Buchmessen verwüsten, Rechten hört man nicht zu und antwortet ihnen nicht – und wer oder was rechts ist, entscheidet jeder, der sich für links hält. Schon die Frage, ob der Klimawandel wirklich nur menschengemacht ist oder wieviel Einwanderung eine Gesellschaft verträgt, ohne schwerwiegenden Schaden zu nehmen, oder ob dieses Genderkauderwelsch wirklich den Frauen nutzt, kann ausreichen, um rechter Gesinnungsart verdächtigt zu werden.

Wie es scheint, hat die grün-linke Seite, verstärkt durch eine gewandelte CDU, den Kampf um die Deutungshoheit gewonnen um den Preis, daß die AfD zu einer konstanten politischen Kraft geworden ist und achtzig Prozent der Bevölkerung laut einer Allensbach-Umfrage ihre Meinung zu bestimmten politischen Themen öffentlich nicht mehr äußert. Was für ein Sieg!

Kürzlich erzählte ich einem Freund, ich fühlte mich beim Schreiben zuweilen wie früher, als ich mein erstes Buch *Flugasche* geschrieben habe, wieder gedrängt ins Politische, weil es mich jeden Tag umtreibt, und bedrängt von dem Gedanken, was ich mir wohl einbrocke, wenn ich einen Protagonisten meines Buches diesen oder jenen Satz sagen lasse. Der Freund war empört: Wie ich die Bundesrepublik mit der DDR vergleichen könne und ob ich noch ganz bei Verstand sei. Es liegt mir fern, die Bundesrepublik mit der DDR zu vergleichen. Weder fürchte ich, mein Buch könnte wie in der DDR verboten werden, noch halte ich für möglich, daß ich juristisch belangt werden könnte. Und trotzdem habe ich dieses Gefühl.

Natürlich, Deutschland ist ein Rechtsstaat; darum werden Bücher nicht verboten und Schriftsteller nicht verhaftet. Aber jenseits des Gesetzes gibt es eine Deutungsmacht, die blindlings mit Verdächtigungen und Diffamierungen um sich werfen darf, sobald das, was sie als Wahrheit ausgibt, in Frage gestellt wird. Dann wird man in den Medien unversehens zum »neurechten Autor« oder zu jemandem, der »neurechtem Gedankengut nahesteht« oder dergleichen. Jörg Baberowski, Professor an der Humboldt-Universität Berlin, wird seit Jahren von einer Gruppe linksradikaler Studenten tyrannisiert, vor denen seine Universität ihn nicht schützt. Als Uwe Tellkamp in einem öffentlichen Gespräch mit Durs Grünbein sagte, seine Meinung sei nicht erwünscht, nur geduldet, bestätigte das der Suhrkamp Verlag noch am selben Abend per Twitter, indem er sich von der Meinung seines Autors Tellkamp distanzierte. Der Maler Axel Krause wurde von einer Leipziger Ausstellung wieder ausgeladen, weil er Meinungen vertrat, die auch von der AfD zu hören sind, aber durchaus im Rahmen eines vernünftigen Diskurses blieben. Mit seinen Bildern hatte das nichts zu tun.

Es gibt auch in einem Rechtsstaat Möglichkeiten, Menschen wegen unerwünschter Meinungen die Existenz zu erschweren oder sogar zu zerstören. Wenn Zweifel schon verdächtig sind, wenn Fragen als Provokationen wahrgenommen werden, wenn Bedenken als reaktionär gelten, wenn im Streit nur eine Partei immer recht hat, können einen alte Gefühle eben überkommen. Und dann kann man darüber verzweifeln, vor Wut toben oder darüber lachen, unser schönes galliges Gelächter.

～

Publikationsnachweise

»Liebe E.« in: *»Lieber Lord Chandos«. Antworten auf
einen Brief.* Mit einem Nachwort von Hubert Spiegel,
hg. von Roland Spahr, Hubert Spiegel und Oliver Vogel.
Frankfurt a. M.: S. Fischer 2002, S. 89 – 92.

»New York« in: *Die Zeit* (*Zeit-Reise* Sonderausgabe),
14. März 2002.

»Krumme Gestalten, vom Wind gebissen«, in: *Deutsche
Landschaften.* Hg. von Thomas Steinfeld. Mit Fotografien
von Therese Humboldt. Frankfurt a. M.: S. Fischer 2003,
S. 91 – 98.

»Eigentlich sind wir nett« in: Monika Maron,
Geburtsort Berlin, Frankfurt a. M.: S. Fischer 2003,
S. 111 – 125.

»Na Bruno« in: *Literaturen. Zeitschrift für Leser,*
Januar 2010.

»Bruno macht nichts falsch« in: *Die Welt,* 1. Februar 2003.

»Zum Abschied: Das Märchen vom Deutschen Milchschaf« in: *DU. Die Zeitschrift der Kultur,* September 1989.

»Weibliche Kreativität« in: Monika Maron, *quer über die
Gleise. Essays, Artikel, Zwischenrufe.* Frankfurt a. M.:
S. Fischer 2000, S. 88 – 91.

»Ich will, was alle wollen. Gedankengänge eines alten Kindes« in: *Frankfurter Allgemeine Zeitung,* 28. Dezember 1999.

»Meine Reise mit Ida Fink« in: *Frankfurter Allgemeine Zeitung,* 1. November 2001.

Rede zum Lessing-Preis 2011 des Freistaates Sachsen

»Zeitunglesen. Bin ich vielleicht verrückt geworden?« in: *Der Spiegel,* 19. August 2013.

»Unser galliges Gelächter – es liegt mir fern, die Bundes-republik mit der DDR zu vergleichen« in: *NZZ,* 7. November 2019.

Biographie

Monika Maron wurde 1941 in Berlin geboren. Nach dem Abitur arbeitete sie ein Jahr als Fräserin in einem Industriebetrieb, studierte dann Theaterwissenschaften und Kunstgeschichte und war nach dem Studienabschluss Regieassistentin beim Fernsehen, später schrieb sie als Reporterin für die *Wochenpost*. Seit 1976 freie Schriftstellerin, siedelte sie 1988 von Ost-Berlin in die Bundesrepublik über, wohnte zunächst in Hamburg und lebt heute wieder in Berlin.

Bibliographie

Flugasche. S. Fischer, Frankfurt am Main 1981

Herr Aurich. S. Fischer, Frankfurt am Main 2001

Das Missverständnis. S. Fischer, Frankfurt am Main 1982

Die Überläuferin. S. Fischer, Frankfurt am Main 1986

Stille Zeile Sechs. S. Fischer, Frankfurt am Main 1991.

Nach Maßgabe meiner Begreifungskraft. S. Fischer,
      Frankfurt am Main 1993

Animal triste. S. Fischer, Frankfurt am Main 1996

Pawels Briefe. S. Fischer, Frankfurt am Main 1999

quer über die Gleise – Essays, Artikel, Zwischenrufe.
      S. Fischer, Frankfurt am Main 2000

Endmoränen. S. Fischer, Frankfurt am Main 2002

Geburtsort Berlin. S. Fischer, Frankfurt am Main 2003

Wie ich ein Buch nicht schreiben kann und es trotzdem
      versuche. S. Fischer, Frankfurt am Main 2005

Ach Glück. S. Fischer, Frankfurt am Main 2007

Bitterfelder Bogen. Ein Bericht. Fischer Verlag,
      Frankfurt am Main 2009

Zwei Brüder: Gedanken zur Einheit 1989 – 2009.
      Fischer Verlag, Frankfurt am Main 2010

Zwischenspiel, Roman. S. Fischer,
      Frankfurt am Main 2013

Munin oder Chaos im Kopf, Roman, S. Fischer,
      Frankfurt am Main 2018